AF455593

CARMEN

OPÉRA-COMIQUE

Représenté pour la première fois, à Paris, sur le théâtre de l'Opéra-Comique
le 3 mars 1875.

MICHEL LÉVY FRÈRES, ÉDITEURS

DES MÊMES AUTEURS

FORMAT GRAND IN-18

BARBE-BLEUE, opéra-bouffe en trois actes.	2 »
LA BELLE HÉLÈNE, opéra-bouffe en trois actes. . . .	2 »
LA BOULE, comédie en quatre actes	2 »
LE BOUQUET, comédie en un acte	1 50
LES BREBIS DE PANURGE, comédie en un acte . . .	1 50
LE BRÉSILIEN, comédie en un acte.	1 50
LES BRIGANDS, opéra-bouffe en trois actes.	2 »
LE CHATEAU A TOTO, opéra-bouffe en trois actes . .	2 »
LA CLÉ DE MÉTELLA, comédie en un acte	1 50
L'ÉTÉ DE LA SAINT-MARTIN, comédie en un acte . .	1 50
FANNY LEAR, comédie en cinq actes	2 »
FROUFROU, comédie en cinq actes	2 »
LA GRANDE-DUCHESSE DE GÉROLSTEIN, opéra-bouffe en trois actes.	2 »
L'INGÉNUE, comédie en un acte	1 50
MADAME ATTEND MONSIEUR, comédie en un acte . .	1 50
LA MI-CARÊME, folie en un acte	1 50
LA PÉRICHOLE, opéra-bouffe en deux actes.	2 »
LA PETITE MARQUISE, comédie en trois actes. . . .	2 »
LE PHOTOGRAPHE, comédie en un acte.	1 »
LE RÉVEILLON, comédie en trois actes	2 »
LE ROI CANDAULE, comédie en un acte	1 50
LES SONNETTES, comédie en un acte	1 50
TOTO CHEZ TATA, comédie en un acte	1 50
LE TRAIN DE MINUIT, comédie en deux actes. . . .	1 50
TRICOCHE ET CACOLET, vaudeville en cinq actes. . .	2 »
LA VEUVE, comédie en trois actes	2 »
LA VIE PARISIENNE, opéra-bouffe en cinq actes . . .	2 »
ETC., ETC., ETC.	

CHATILLON-SUR-SEINE. — IMPRIMERIE E. CORNILLAC

CARMEN

OPÉRA-COMIQUE EN QUATRE ACTES

TIRÉ DE LA NOUVELLE DE

PROSPER MÉRIMÉE

PAR

HENRY MEILHAC ET LUDOVIC HALÉVY

MUSIQUE DE

GEORGES BIZET

MISE EN SCÈNE DE M. CHARLES PONCHARD

PARIS

MICHEL LÉVY FRÈRES, ÉDITEURS

RUE AUBER, 3, PLACE DE L'OPÉRA

LIBRAIRIE NOUVELLE

BOULEVARD DES ITALIENS, 15, AU COIN DE LA RUE DE GRAMMONT

1875

PERSONNAGES

DON JOSÉ	MM. LHÉRIE.
ESCAMILLO	BOUHY.
LE DANCAIRE	POTEL.
LE REMENDADO	BARNOLT.
MORALÈS, brigadier	DUVERNOY.
ZUNIGA, lieutenant	DUFRICHE.
LILLAS PASTIA	NATHAN.
UN GUIDE	TESTE.
CARMEN	Mmes GALLI-MARIÉ.
MICAELA	CHAPUY.
FRASQUITA	DUCASSE.
MERCÉDÈS	CHEVALIER.

En Espagne. — Vers 1820.

CARMEN

ACTE PREMIER

Une place à Séville. — A droite, la porte de la manufacture de tabac. — Au fond, face au public, pont praticable traversant la scène dans toute son étendue. — De la scène on arrive à ce pont par un escalier tournant qui fait sa révolution à droite au-dessus de la porte de la manufacture de tabac. — Le dessous du pont est praticable. — A gauche, au premierplan, le corps-de-garde. — Devant le corps-de-garde, une petite galerie couverte, exhaussée de deux ou trois marches ; près du corps-de-garde, dans un râtelier, les lances des dragons avec leurs banderolles jaunes et rouges.

SCÈNE PREMIÈRE

MORALÈS, MICAELA, SOLDATS, PASSANTS.

Au lever du rideau, une quinzaine de soldats (Dragons du régiment d'Almanza) sont groupés devant le corps-de-garde. Les uns assis et fumant, les autres accoudés sur la balustrade de la galerie. Mouvement de passants sur la place. Des gens pressés, affairés, vont, viennent, se rencontrent, se saluent, se bousculent, etc.

CHOEUR.

Sur la place
Chacun passe,
Chacun vient, chacun va;
Drôles de gens que ces gens-là.

MORALÈS.

A la porte du corps-de-garde,
Pour tuer le temps,
On fume, on jase, l'on regarde
Passer les passants.

REPRISE DU CHOEUR.

Sur la place,
Etc.

Depuis quelques minutes Micaëla est entrée. Jupe bleue, nattes tombant sur les épaules, hésitante, embarrassée, elle regarde les soldats, avance, recule, etc.

MORALÈS, aux soldats.

Regardez donc cette petite
Qui semble vouloir nous parler;
Voyez, elle tourne, elle hésite.

CHŒUR.

A son secours il faut aller.

MORALÈS, à Micaëla.

Que cherchez-vous, la belle?

MICAELA.

Je cherche un brigadier.

MORALÈS.

Je suis là,
Voilà!

MICAELA.

Mon brigadier, à moi, s'appelle
Don José... le connaissez-vous?

MORALÈS.

José, nous le connaissons tous.

MICAELA.

Est-il avec vous, je vous prie?

MORALÈS.

Il n'est pas brigadier dans notre compagnie.

MICAELA, désolée.

Alors il n'est pas là.

MORALÈS.

Non, ma charmante, il n'est pas là,
Mais tout à l'heure il y sera.
Il y sera quand la garde montante
Remplacera la garde descendante.

TOUS.

Il y sera quand la garde montante
Remplacera la garde descendante.

MORALÈS.

Mais en attendant qu'il vienne,
Voulez-vous, la belle enfant,
Voulez-vous prendre la peine
D'entrer chez nous un instant?

MICAELA.

Chez vous!

LES SOLDATS.

Chez nous.

MICAELA.

Non pas, non pas.
Grand merci, messieurs les soldats.

MORALÈS.

Entrez sans crainte, mignonne,
Je vous promets qu'on aura,
Pour votre chère personne,
Tous les égards qu'il faudra.

MICAELA.

Je n'en doute pas ; cependant
Je reviendrai, c'est plus prudent.

Reprenant en riant la phrase du sergent.

Je reviendrai quand la garde montante
Remplacera la garde descendante.

LES SOLDATS, entourant Micaela.

Vous resterez.

MICAELA, cherchant à se dégager.

Non pas! non pas!

LES SOLDATS.

Vous resterez

MICAELA.

Non pas ! non pas !
Au revoir, messieurs les soldats.

Elle s'échappe et se sauve en courant.

MORALÈS.

L'oiseau s'envole,
On s'en console.
Reprenons notre passe-temps,
Et regardons passer les gens.

REPRISE.

Sur la place
Chacun passe,
Etc.

Le mouvement des passants qui avait cessé pendant la scène de Micaëla a repris avec une certaine animation. Parmi les gens qui vont et viennent, un vieux monsieur donnant le bras à une jeune dame... Le vieux monsieur voudrait continuer sa promenade, mais la jeune dame fait tout ce qu'elle peut pour le retenir sur la place. Elle paraît émue, inquiète. Elle regarde à droite, à gauche. Elle attend quelqu'un et ce quelqu'un ne vient pas. Cette pantomime doit cadrer très-exactement avec le couplet suivant.

MORALÈS.

I

Attention ! chut ! Taisons-nous !
Voici venir un vieil époux,

Œil soupçonneux, mine jalouse!
Il tient au bras sa jeune épouse ;
L'amant sans doute n'est pas loin ;
Il va sortir de quelque coin.

En ce moment un jeune homme entre rapidement sur la place.

Ah! ah ! ah ! ah !
Le voilà.
Voyons comment ça tournera.

Le second couplet continue et s'adapte fidèlement à la scène mimée par les trois personnages. Le jeune homme s'approche du vieux monsieur et de la jeune dame, salue et échange quelques mots à voix basse, etc...

MORALÈS.

II

Imitant le salut empressé du jeune homme.

Vous trouver ici, quel bonheur!

Prenant l'air rechigné du vieux mari.

Je suis bien votre serviteur.

Reprenant l'air du jeune homme.

Il salue, il parle avec grâce.

Puis l'air du vieux mari.

Le vieux mari fait la grimace;

Imitant les mines souriantes de la dame.

Mais d'un air fort encourageant
La dame accueille le galant.

Le jeune homme, à ce moment, tire de sa poche un billet qu'il fait voir à la dame.

Ah ! ah ! ah! ah !
L'y voilà.
Voyons comment ça tournera.
Ah ! ah ! ah! ah!
L'y voilà;
Voyons comment ça tournera.

Le mari, la femme et le galant font tous les trois très-lentement un petit tour sur la place. Le jeune homme cherchant à remettre son billet doux à la dame.

MORALÈS.

III

Ils font ensemble quelques pas ;
Notre amoureux, levant le bras,
Fait voir au mari quelque chose,
Et le mari toujours morose
Regarde en l'air... Le tour est fait,
Car la dame a pris le billet.

Le jeune homme, d'une main, montre quelque chose en l'air au vieux monsieur et, de l'autre, passe le billet à la dame.

Ah ! ah ! ah ! ah !
Ft voilà,
On voit comment ça tournera.

TOUS, riant.

Ah ! ah ! ah ! ah !
Et voilà,
On voit comment ça tournera.

On entend au loin, très au loin, une marche militaire, clairons et fifres. C'est la garde montante qui arrive. Le vieux monsieur et le jeune homme échangent une cordiale poignée de main. Salut respectueux du jeune homme à la dame. Un officier sort du poste. Les soldats du poste vont prendre leurs lances et se rangent en ligne devant le corps de garde. Les passants à droite forment un groupe pour assister à la parade. La marche militaire se rapproche, se rapproche... La garde montante débouche enfin venant de la gauche et traverse le pont. Deux clairons et deux fifres d'abord. Puis une bande de petits gamins qui s'efforcent de faire de grandes enjambées pour marcher au pas des dragons. — Aussi petits que possible les enfants. Derrière les enfants, le lieutenant Zuniga et le brigadier don José, puis les dragons avec leurs lances.

SCÈNE II

LES MÊMES, DON JOSÉ, LE LIEUTENANT.

CHŒUR DES GAMINS.

Avec la garde montante
Nous arrivons, nous voilà...
Sonne, trompette éclatante,
Ta ra ta ta, ta ra ta ta ;
Nous marchons la tête haute
Comme de petits soldats,
Marquant sans faire de faute,
Une, deux, marquant le pas.
Les épaules en arrière
Et la poitrine en dehors,
Les bras de cette manière
Tombant tout le long du corps ;
Avec la garde montante
Sonne, trompette éclatante,
Nous arrivons, nous voilà,
Ta ra ta ta, ta ra ta ta.

La garde montante va se ranger à droite en face de la garde descendante. Dès que les petits gamins qui se sont arrêtés à droite devant les curieux ont fini de chanter, les officiers se saluent de l'épée et se mettent à causer à voix basse. On relève les sentinelles.

MORALÈS à don José.

Il y a une jolie fille qui est venue te demander. Elle a dit qu'elle reviendrait...

DON JOSÉ.

Une jolie fille?..

MORALÈS.

Oui, et gentiment habillée, une jupe bleue, des nattes tombant sur les épaules...

DON JOSÉ.

C'est Micaëla. Ce ne peut être que Micaëla.

MORALÈS.

Elle n'a pas dit son nom.

Les factionnaires sont relevés. Sonneries des clairons. La garde descendante passe devant la garde montante. — Les gamins en troupe reprennent derrière les clairons et les fifres de la garde descendante la place qu'ils occupaient derrière les tambours et les fifres de la garde montante.

REPRISE DU CHŒUR DES GAMINS.

Et la garde descendante
Rentre chez elle et s'en va.
Sonne, trompette éclatante,
Ta ra ta ta, ta ra ta ta.
Nous partons la tête haute
Comme de petits soldats,
Marquant, sans faire de faute,
Une.., deux .. marquant le pas.
Les épaules en arrière
Et la poitrine en dehors,
Les bras de cette manière
Tombant tout le long du corps.
Et la garde descendante
Rentre chez elle et s'en va.
Sonne, trompette éclatante,
Ta ra ta ta, ta ra ta ta.

Soldats, gamins et curieux s'éloignent par le fond; chœur, fifres et clairons vont diminuant. L'officier de la garde montante, pendant ce temps, passe silencieusement l'inspection de ses hommes. Quand le chœur des gamins et les fifres ont cessé de se faire entendre, le lieutenant dit : Présentez lances... Haut lances... Rompez les rangs. Les dragons vont tous déposer leurs lances dans le râtelier, puis ils rentrent dans le corps-de-garde. Don José et le lieutenant restent seuls en scène.

SCÈNE III

LE LIEUTENANT, DON JOSÉ.

LE LIEUTENANT.

Dites-moi, brigadier?

JOSÉ, se levant.

Mon lieutenant.

LE LIEUTENANT.

Je ne suis dans le régiment que depuis deux jours et jamais je n'étais venu à Séville. Qu'est-ce que c'est que ce grand bâtiment?

JOSÉ.

C'est la manufacture de tabacs...

LE LIEUTENANT.

Ce sont des femmes qui travaillent là ?...

JOSÉ.

Oui, mon lieutenant. Elles n'y sont pas maintenant; tout à l'heure, après leur dîner, elles vont revenir. Et je vous réponds qu'alors il y aura du monde pour les voir passer.

LE LIEUTENANT.

Elles sont beaucoup ?

JOSÉ.

Ma foi, elles sont bien quatre ou cinq cents qui roulent des cigares dans une grande salle...

LE LIEUTENANT.

Ce doit être curieux.

JOSÉ.

Oui, mais les hommes ne peuvent pas entrer dans cette salle sans une permission...

LE LIEUTENANT.

Ah!

JOSÉ.

Parce que, lorsqu'il fait chaud, ces ouvrières se mettent à leur aise, surtout les jeunes.

LE LIEUTENANT.

Il y en a de jeunes?

JOSÉ.

Mais oui, mon lieutenant.

LE LIEUTENANT.

Et de jolies?

JOSÉ, en riant.

Je le suppose... Mais à vous dire vrai, et bien que j'aie été de garde ici plusieurs fois déjà, je n'en suis pas bien sûr, car je ne les ai jamais beaucoup regardées...

LE LIEUTENANT.

Allons donc!...

JOSÉ.

Que voulez-vous?... ces Andalouses me font peur. Je ne suis pas fait à leurs manières, toujours à railler... jamais un mot de raison...

LE LIEUTENANT.

Et puis nous avons un faible pour les jupes bleues, et pour les nattes tombant sur les épaules...

JOSÉ, riant.

Ah! mon lieutenant a entendu ce que me disait Moralès?...

LE LIEUTENANT.

Oui...

JOSÉ.

Je ne le nierai pas... la jupe bleue, les nattes... c'est le costume de la Navarre... ça me rappelle le pays...

LE LIEUTENANT.

Vous êtes Navarrais?

JOSÉ.

Et vieux chrétien. Don Jose Lizzarabengoa, c'est mon nom... On voulait que je fusse d'église, et l'on m'a fait étudier. Mais je ne profitais guère, j'aimais trop jouer à la paume... Un jour que j'avais gagné, un gars de l'Alava me chercha querelle; j'eus encore l'avantage, mais cela m'obligea de quitter le pays. Je me fis soldat! Je n'avais plus mon père; ma mère me suivit et vint s'établir à dix lieues de Séville... avec la petite Micaëla... c'est une orpheline que ma mère a recueillie, et qui n'a pas voulu se séparer d'elle...

LE LIEUTENANT.

Et quel âge a-t-elle, la petite Micaëla?...

JOSÉ.

Dix-sept ans...

LE LIEUTENANT.

Il fallait dire cela tout de suite... Je comprends maintenant pourquoi vous ne pouvez pas me dire si les ouvrières de la manufacture sont jolies ou laides...

La cloche de la manufacture se fait entendre.

JOSÉ.

Voici la cloche qui sonne, mon lieutenant, et vous allez pouvoir juger par vous-même... Quant à moi je vais faire une chaîne pour attacher mon épinglette.

SCÈNE IV

DON JOSÉ, SOLDATS, JEUNES GENS et CIGARIÈRES.

La place se remplit de jeunes gens qui viennent se placer sur le passage des cigarières. Les soldats sortent du poste. Don José s'assied sur une chaise, et reste là fort indifférent à toutes ces allées et venues, travaillant à son épinglette.

CHŒUR.

La cloche a sonné, nous, des ouvrières
Nous venons ici guetter le retour;
Et nous vous suivrons, brunes cigarières,
En vous murmurant des propos d'amour.

A ce moment paraissent les cigarières, la cigarette aux lèvres. Elles passent sous le pont et descendent lentement en scène.

LES SOLDATS.

Voyez-les... Regards impudents,
Mine coquette,
Fumant toutes du bout des dents
La cigarette.

LES CIGARIÈRES.

Dans l'air, nous suivons des yeux
La fumée
Qui vers les cieux
Monte, monte parfumée.
Dans l'air nous suivons des yeux
La fumée,
La fumée,
La fumée,
La fumée.

Cela monte doucement
A la tête,
Cela vous met gentiment
L'âme en fête,
Dans l'air nous suivons des yeux
La fumée,
Etc.
Le doux parler des amants
C'est fumée;
Leurs transports et leurs serments
C'est fumée.
Dans l'air nous suivons des yeux
La fumée,
Etc.

LES JEUNES GENS, aux cigarières.

Sans faire les cruelles,
Ecoutez-nous, les belles,
Vous que nous adorons,
Que nous idolâtrons.

LES CIGARIÈRES reprennent en riant.

Le doux parler des amants
C'est fumée;
Leurs transports et leurs serments
C'est fumée.
Dans l'air nous suivons des yeux
La fumée,
Etc.

SCÈNE V

LES MÊMES, CARMEN.

LES SOLDATS.

Nous ne voyons pas la Carmencita.

LES CIGARIÈRES et LES JEUNES GENS.

La voilà,
La voilà,
Voilà la Carmencita.

Entre Carmen. Absolument le costume et l'entrée indiqués par Mérimée. Elle a un bouquet de cassie à son corsage et une fleur de cassie dans le coin de la bouche. Trois ou quatre jeunes gens entrent avec Carmen. Ils la suivent, l'entourent, lui parlent. Elle minaude et caquette avec eux. Don José lève la tête. Il regarde Carmen, puis se remet tranquillement à travailler à son épinglette.

LES JEUNES GENS, entrés avec Carmen.

Carmen, sur tes pas, nous nous pressons tous ;
Carmen, sois gentille, au moins réponds-nous,
Et dis-nous quel jour tu nous aimeras.

CARMEN, les regardant.

Quand je vous aimerai, ma foi, je ne sais pas.
Peut-être jamais, peut-être demain ;
Mais pas aujourd'hui, c'est certain.

L'amour est un oiseau rebelle
Que nul ne peut apprivoiser,
Et c'est bien en vain qu'on l'appelle
S'il lui convient de refuser
Rien n'y fait; menace ou prière
L'un parle bien, l'autre se tait ;
Et c'est l'autre que je préfère,
Il n'a rien dit, mais il me plaît.

L'amour est enfant de Bohême,
Il n'a jamais connu de loi;
Si tu ne m'aimes pas, je t'aime;
Si je t'aime, prends garde à toi!..

L'oiseau que tu croyais surprendre
Battit de l'aile et s'envola...
L'amour est loin, tu peux l'attendre;
Tu ne l'attends plus... il est là...
Tout autour de toi, vite, vite,
Il vient, s'en va, puis il revient...
Tu crois le tenir, il t'évite,
Tu veux l'éviter, il te tient.

L'amour est enfant de Bohême,
Il n'a jamais connu de loi;
Si tu ne m'aimes pas, je t'aime;
Si je t'aime, prends garde à toi!

LES JEUNES GENS.

Carmen, sur tes pas, nous nous pressons tous;
Carmen, sois gentille, au moins réponds-nous.

Moment de silence. Les jeunes gens entourent Carmen, celle-ci les regarde l'un après l'autre, sort du cercle qu'ils forment autour d'elle et s'en va droit à don José qui est toujours occupé de son épinglette.

CARMEN.

Eh! compère, qu'est-ce que tu fais là?...

JOSÉ.

Je fais une chaîne avec du fil de laiton, une chaîne pour attacher mon épinglette.

CARMEN, riant.

Ton épinglette, vraiment! Ton épinglette... épinglier de mon âme...

Elle arrache de son corsage la fleur de cassie et la lance à don José. Il se lève brusquement. La fleur de cassie est tombée à ses pieds. Éclat de rire général; la cloche de la manufacture sonne une deuxième fois. Sortie des ouvrières et des jeunes gens sur la reprise de :

L'amour est enfant de Bohême.
Etc., etc.

Carmen sort la première en courant et elle entre dans la manufacture. Les jeunes gens sortent à droite et à gauche. — Le lieutenant qui, pendant cette scène, bavardait avec deux ou trois ouvrières, les quitte et rentre dans le poste après que les soldats y sont rentrés. Don José reste seul.

SCÈNE VI

JOSÉ.

Qu'est-ce cela veut dire, ces façons-là?... Quelle effronterie!... (En souriant.) Tout ça parce que je ne faisais pas attention à elle!... Alors, suivant l'usage des femmes et des chats qui ne viennent pas quand on les appelle et qui viennent quand on ne les appelle pas, elle est venue... (Il regarde la fleur de cassie qui est par terre à ses pieds. Il la ramasse.) Avec quelle adresse elle me l'a lancée, cette fleur... là, juste entre les deux yeux... ça m'a fait l'effet d'une balle qui m'arrivait... (Il respire le parfum de la fleur.) Comme c'est fort!... certainement s'il y a des sorcières, cette fille-là en est une.

Entre Micaëla.

SCÈNE VII

DON JOSÉ, MICAELA.

MICAELA.

Monsieur le brigadier?

DON JOSÉ, cachant précipitamment la fleur de cassie.

Quoi?.. Qu'est-ce que c'est?... Micaëla!... c'est toi...

MICAELA.

C'est moi!...

JOSÉ.

Et tu viens de là-bas?...

MICAELA.

Et je viens de là-bas... c'est votre mère qui m'envoie...

JOSÉ.

Ma mère...

DUO.

JOSÉ.

Eh bien, parle... ma mère?

MICAELA.

J'apporte de sa part, fidèle messagère,
Cette lettre.

JOSÉ, regardant la lettre.

Une lettre.

MICAELA.

Et puis un peu d'argent.

Elle lui remet une petite bourse.

Pour ajouter à votre traitement,
Et puis...

JOSÉ.

Et puis?

MICAELA.

Et puis?... vraiment je n'ose,
Et puis... encore une autre chose
Qui vaut mieux que l'argent et qui, pour un bon fils,
Aura sans doute plus de prix.

JOSÉ.

Cette autre chose, quelle est-elle ?
Parle donc.

MICAELA.

Oui, je parlerai ;
Ce que l'on m'a donné, je vous le donnerai.
Votre mère avec moi sortait de la chapelle,
Et c'est alors qu'en m'embrassant,
Tu vas, m'a-t-elle dit, t'en aller à la ville :
La route n'est pas longue, une fois à Séville,
Tu chercheras mon fils, mon José, mon enfant...
Et tu lui diras que sa mère
Songe nuit et jour à l'absent...
Qu'elle regrette et qu'elle espère,
Qu'elle pardonne et qu'elle attend ;
Tout cela, n'est-ce pas? mignonne,
De ma part tu le lui diras,
Et ce baiser que je te donne
De ma part tu le lui rendras.

JOSÉ, très-ému.

Un baiser de ma mère ?

MICAELA.

Un baiser pour son fils.
José, je vous le rends, comme je l'ai promis.

Micaëla se hausse un peu sur la pointe des pieds et donne à don José un baiser bien franc, bien maternel. Don José très-ému la laisse faire. Il la regarde bien dans les yeux. — Un moment de silence.

JOSÉ, continuant de regarder Micaëla.

Ma mère, je la vois... je revois mon village.
Souvenirs d'autrefois ! souvenirs du pays !
Vous remplissez mon cœur de force et de courage.
O souvenirs chéris,
Souvenirs d'autrefois ! souvenirs du pays !

ENSEMBLE.

JOSÉ.	MICAELA.
Ma mère, je la vois,	Sa mère, il la revoit,
Etc.	Etc.

JOSÉ, les yeux fixés sur la manufacture.

Qui sait de quel démon j'allais être la proie !
Même de loin, ma mère me défend,
Et ce baiser qu'elle m'envoie
Écarte le péril et sauve son enfant.

MICAELA.

Quel démon ! quel péril ! je ne comprends pas bien.
Que veut dire cela ?

JOSÉ.

Rien ! rien !
Parlons de toi, la messagère.
Tu vas retourner au pays...

MICAELA.

Ce soir même, et demain je verrai votre mère.

JOSÉ.

Eh bien, tu lui diras que José, que son fils...
Que son fils l'aime et la vénère,
Et qu'il se conduit aujourd'hui
En bon sujet, pour que sa mère
Là-bas soit contente de lui.
Tout cela, n'est-ce pas? mignonne,
De ma part tu le lui diras ;
Et ce baiser que je te donne,
De ma part tu le lui rendras...

Il l'embrasse.

MICAELA.

Oui, je vous le promets... de la part de son fils
José, je le rendrai comme je l'ai promis.

REPRISE DE L'ENSEMBLE.

JOSÉ.	MICAELA.
Ma mère, je la vois,	Sa mère, il la revoit,
Etc.	Etc.

JOSÉ.

Attends un peu maintenant... je vais lire sa lettre...

MICAELA.

J'attendrai, monsieur le brigadier, j'attendrai...

JOSÉ, embrassant la lettre avant de commencer à lire.

Ah! (Lisant.) « Continue à te bien conduire mon enfant! L'on t'a promis de te faire maréchal-des-logis. Peut-être alors pourrais-tu quitter le service, te faire donner une petite place et revenir près de moi. Je commence à me faire bien vieille. Tu reviendrais près de moi et tu te marierais, nous n'aurions pas, je pense, grand'peine à te trouver une femme, et je sais bien, quant à moi, celle que je te conseillerais de choisir : c'est tout justement celle qui te porte ma lettre... Il n'y en a pas de plus sage ni de plus gentille...

MICAELA, l'interrompant.

Il vaut mieux que je ne sois pas là!...

JOSÉ.

Pourquoi donc?...

MICAELA, troublée.

Je viens de me rappeler que votre mère m'a chargée

de quelques petits achats: je vais m'en occuper tout de suite.

JOSÉ.

Attends un peu, j'ai fini...

MICAELA.

Vous finirez quand je ne serai plus là...

JOSÉ.

Mais la réponse?...

MICAELA.

Je viendrai la prendre avant mon départ et je la porterai à votre mère... Adieu.

JOSÉ.

Micaëla!

MICAELA.

Non, non... je reviendrai, j'aime mieux cela... je reviendrai, je reviendrai... *Elle sort.*

SCÈNE VIII

JOSÉ, puis LES OUVRIÈRES, LE LIEUTENANT SOLDATS.

JOSÉ, *lisant.*

« Il n'y en a pas de plus sage, ni de plus gentille... il » n'y en a pas surtout qui t'aime davantage... et si tu voulais... » Oui, ma mère, oui, je ferai ce que tu désires... j'épouserai Micaëla, et quant à cette bohémienne, avec ses fleurs qui ensorcellent...

Au moment où il va arracher les fleurs de sa veste, grande rumeur dans l'intérieur de la manufacture. — Entre le lieutenant suivi des soldats.

LE LIEUTENANT.

Eh bien! eh bien! qu'est-ce qui arrive?...

Les ouvrières sortent rapidement et en désordre.

CHOEUR DES CIGARIÈRES.

Au secours! n'entendez-vous pas?
Au secours, messieurs les soldats!

PREMIER GROUPE DE FEMMES.

C'est la Carmencita.

DEUXIÈME GROUPE DE FEMMES.

Non pas, ce n'est pas elle.

PREMIER GROUPE.

C'est elle.

DEUXIÈME GROUPE.

Pas du tout.

PREMIER GROUPE.

Si fait ! dans la querelle
Elle a porté les premiers coups.

TOUTES LES FEMMES, entourant le lieutenant.

Ne les écoutez pas, monsieur, écoutez-nous,
Écoutez-nous,
Ecoutez-nous.

PREMIER GROUPE, elles tirent l'officier de leur côté.

La Manuelita disait
Et répétait à voix haute
Qu'elle achèterait sans faute
Un âne qui lui plaisait.

DEUXIÈME GROUPE, même jeu.

Alors la Carmencita,
Railleuse à son ordinaire,
Dit : un âne, pourquoi faire ?
Un balai te suffira.

PREMIER GROUPE.

Manuelita riposta
Et dit à sa camarade :
Pour certaine promenade
Mon âne te servira.

DEUXIÈME GROUPE.

Et ce jour-là tu pourras
A bon droit faire la fière ;
Deux laquais suivront derrière,
T'émouchant à tour de bras.

TOUTES LES FEMMES.

Là-dessus toutes les deux
Se sont prises aux cheveux.

LE LIEUTENANT.

Au diable tout ce bavardage. A don José.
Prenez, José, deux hommes avec vous
Et voyez là-dedans qui cause ce tapage.

Don José prend deux hommes avec lui. — Les soldats entrent dans la manufacture. Pendant ce temps les femmes se pressent, se disputent entre elles.

PREMIER GROUPE.

C'est la Carmencita.

DEUXIÈME GROUPE.

Non, non, écoutez-nous,
Etc, etc.

LE LIEUTENANT, assourdi.

Holà ! holà !
Éloignez-moi toutes ces femmes-là.

TOUTES LES FEMMES.

Écoutez-nous! écoutez-nous!

LES SOLDATS, repoussent les femmes et les écartent.

Tout doux! tout doux!
Éloignez-vous et taisez-vous.

LES FEMMES.

Écoutez-nous!

LES SOLDATS.

Tout doux.

Les cigarières glissent entre les mains des soldats qui cherchent à les écarter. — Elles se précipitent sur le lieutenant et reprennent le chœur.

PREMIER GROUPE.

La Carmencita disait,
Etc.

DEUXIÈME GROUPE.

Alors la Carmencita,
Etc.

LES SOLDATS, en repoussant encore une fois les femmes.

Tout doux! tout doux!
Éloignez-vous et taisez-vous.

Les soldats réussissent enfin à repousser les cigarières. Les femmes sont maintenues à distance autour de la place par une haie de dragons. Carmen paraît sur la porte de la manufacture amenée par don José et suivie par deux dragons.

SCÈNE IX

LES MÊMES, CARMEN.

LE LIEUTENANT.

Voyons, brigadier.. Maintenant que nous avons un peu de silence... qu'est-ce que vous avez trouvé là-dedans?...

JOSÉ.

J'ai d'abord trouvé trois cents femmes, criant, hurlant, gesticulant, faisant un tapage à ne pas entendre Dieu tonner... D'un côté il y en avait une les quatre fers en l'air, qui criait : Confession! confession! je suis morte... Elle avait sur la figure un X qu'on venait de lui marquer en deux coups de couteau... en face de la blessée j'ai vu...

Il s'arrête sur un regard de Carmen.

LE LIEUTENANT.

Eh bien?. .

JOSÉ.

J'ai vu mademoiselle

LE LIEUTENANT.

Mademoiselle Carmencita?

JOSÉ.

Oui, mon lieutenant...

LE LIEUTENANT.

Et qu'est-ce qu'elle disait, mademoiselle Carmencita?

JOSÉ.

Elle ne disait rien, mon lieutenant, elle serrait les dents et roulait des yeux comme un caméléon.

CARMEN.

On m'avait provoquée... je n'ai fait que me défendre... Monsieur le brigadier vous le dira... (A José.) N'est-ce pas, monsieur le brigadier?

JOSÉ, après un moment d'hésitation.

Tout ce que j'ai pu comprendre au milieu du bruit, c'est qu'une discussion s'était élevée entre ces deux dames, et qu'à la suite de cette discussion, mademoiselle, avec le couteau dont elle coupait le bout des cigares, avait commencé à dessiner des croix de saint André sur le visage de sa camarade... (Le lieutenant regarde Carmen ; celle-ci, après un regard à don José et un très-léger haussement d'épaules, est redevenue impassible.) Le cas m'a paru clair. J'ai prié mademoiselle de me suivre... Elle a d'abord fait un mouvement comme pour résister... puis elle s'est résignée... et m'a suivi, douce comme un mouton!

LE LIEUTENANT.

Et la blessure de l'autre femme?

JOSÉ.

Très-légère, mon lieutenant, deux balafres à fleur de peau.

LE LIEUTENANT, à Carmen.

Eh bien, la belle, vous avez entendu le brigadier?... (A José.) Je n'ai pas besoin de vous demander si vous avez dit la vérité.

JOSÉ.

Foi de Navarrais, mon lieutenant!

Carmen se retourne brusquement et regarde encore une fois José.

LE LIEUTENANT, à Carmen.

Eh bien... vous avez entendu?... Avez-vous quelque chose à répondre?... parlez, j'attends...

Carmen, au lieu de répondre, se met à fredonner.

CARMEN, chantant.

Coupe-moi, brûle-moi, je ne te dirai rien,
Je brave tout, le feu, le fer et le ciel même.

LE LIEUTENANT.

Ce ne sont pas des chansons que je te demande, c'est une réponse.

CARMEN, chantant.

Mon secret je le garde et je le garde bien ;
J'en aime un autre et meurs en disant que je l'aime.

LE LIEUTENANT.

Ah ! ah ! nous le prenons sur ce ton-là... (A José.) Ce qui est sûr, n'est-ce pas, c'est qu'il y eu des coups de couteau, et que c'est elle qui les a donnés...

En ce moment cinq ou six femmes à droite réussissent à forcer la ligne des factionnaires et se précipitent sur la scène en criant : Oui, oui, c'est elle !.. Une de ces femmes se trouve près de Carmen. Celle-ci lève la main et veut se jeter sur la femme. Don José arrête Carmen. Les soldats écartent les femmes, et les repoussent cette fois tout à fait hors de la scène. Quelques sentinelles continuent à rester en vue gardant les abords de la place.

LE LIEUTENANT.

Eh ! eh ! vous avez la main leste décidément. (Aux soldats.) Trouvez-moi une corde.

Moment de silence pendant lequel Carmen se remet à fredonner de la façon la plus impertinente en regardant l'officier.

UN SOLDAT, apportant une corde.

Voilà, mon lieutenant.

LE LIEUTENANT, à don José.

Prenez, et attachez-moi ces deux jolies mains. (Carmen, sans faire la moindre résistance, tend en souriant ses deux mains à don José.) C'est dommage vraiment, car elle est gentille... Mais si gentille que vous soyez, vous n'en irez pas moins faire un tour à la prison. Vous pourrez y chanter vos chansons de bohémienne. Le porte-clefs vous dira ce qu'il en pense. (Les mains de Carmen sont liées. On la fait asseoir sur un escabeau devant le corps-de-garde. Elle reste là, immobile, les yeux à terre.) Je vais écrire l'ordre. (A don José.) C'est vous qui la conduirez....

Il sort.

SCÈNE X

CARMEN, DON JOSÉ.

Un petit moment de silence. — Carmen lève les yeux et regarde don José. Celui-ci se détourne, s'éloigne de quelques pas, puis revient à Carmen qui le regarde toujours.

CARMEN.

Où me conduirez-vous ?...

JOSÉ.

A la prison, ma pauvre enfant....

CARMEN.

Hélas! que deviendrai-je? Seigneur officier, ayez pitié de moi... Vous êtes si jeune, si gentil... (José ne répond pas, s'éloigne et revient, toujours sous le regard de Carmen.) Cette corde, comme vous l'avez serrée, cette corde... j'ai les poignets brisés.

JOSÉ, s'approchant de Carmen.

Si elle vous blesse, je puis la desserrer... Le lieutenant m'a dit de vous attacher les mains... il ne m'a pas dit....

Il desserre la corde.

CARMEN, bas.

Laisse-moi m'échapper, je te donnerai un morceau de la bar lachi, une petite pierre qui te fera aimer de toutes les femmes.

JOSÉ, s'éloignant.

Nous ne sommes pas ici pour dire des balivernes... il faut aller à la prison. C'est la consigne, et il n'y a pas de remède.

Silence.

CARMEN.

Tout à l'heure vous avez dit : foi de Navarrais... vous êtes des Provinces?..

JOSÉ.

Je suis d'Elizondo...

CARMEN.

Et moi d'Etchalar...

JOSÉ, s'arrêtant.

D'Etchalar!.. c'est à quatre heures d'Elizondo, Etchalar.

CARMEN.

Oui, c'est là que je suis née... J'ai été emmenée par des Bohémiens à Séville. Je travaillais à la manufacture pour gagner de quoi retourner en Navarre, près de ma pauvre mère qui n'a que moi pour soutien... On m'a insultée parce que je ne suis pas de ce pays de filous, de marchands d'oranges pourries, et ces coquines se sont mises toutes contre moi parce que je leur ai dit que tous leurs Jacques de Séville avec leurs couteaux ne feraient pas peur à un gars de chez nous avec son béret bleu et son maquila. Camarade, mon ami, ne ferez-vous rien pour une payse?

JOSÉ.

Vous êtes Navarraise, vous?...

CARMEN.

Sans doute.

JOSÉ.

Allons donc... il n'y a pas un mot de vrai... vos yeux seuls, votre bouche, votre teint... Tout vous dit Bohémienne...

CARMEN.

Bohémienne, tu crois?

JOSÉ.

J'en suis sûr...

CARMEN.

Au fait, je suis bien bonne de me donner la peine de mentir... Oui, je suis Bohémienne, mais tu n'en feras pas moins ce que je te demande... Tu le feras parce que tu m'aimes...

JOSÉ.

Moi !

CARMEN.

Eh! oui, tu m'aimes... ne me dis pas non, je m'y connais! tes regards, la façon dont tu me parles. Et cette fleur que tu as gardée. Oh! tu peux la jeter maintenant... cela n'y fera rien. Elle est restée assez de temps sur ton cœur; le charme a opéré...

JOSÉ, avec colère.

Ne me parle plus, tu entends, je te défends de me parler...

CARMEN.

C'est très-bien, seigneur officier, c'est très-bien. Vous me défendez de parler, je ne parlerai plus...

Elle regarde d n José qui recule.

FINALE.

CARMEN.

Près de la porte de Séville,
Chez mon ami Lillas Pas'ia,
J'irai danser la seguedille
Et boire du Manzanilla!...
Oui, mais toute seule on s'ennuie,
Et les vrais plaisirs sont à deux...
Donc pour me tenir compagnie,
J'emmènerai mon amoureux...
Mon amoureux!... il est au diable...
Je l'ai mis à la porte hier...
Mon pauvre cœur très-consolable,
Mon cœur est libre comme l'air...
J'ai des galants à la douzaine,
Mais ils ne sont pas à mon gré;

Voici la fin de la semaine,
Qui veut m'aimer je l'aimerai.
Qui veut mon âme... elle est à prendre...
Vous arrivez au bon moment,
Je n'ai guère le temps d'attendre,
Car avec mon nouvel amant...
Près de la poste de Séville,
Chez mon ami Lillas Pastia,
J'irai danser la seguedille
Et boire du Manzanilla.

JOSÉ.

Tais-toi, je t'avais dit de ne pas me parler.

CARMEN.

Je ne te parle pas .. je chante pour moi-même,
Et je pense... il n'est pas défendu de penser,
Je pense à certain officier,
A certain officier qui m'aime,
Et que l'un de ces jours je pourrais bien aimer..

JOSÉ.

Carmen!...

CARMEN.

Mon officier n'est pas un capitaine,
Pas même un lieutenant, il n'est que brigadier.
Mais c'est assez pour une bohémienne,
Et je daigne m'en contenter!

JOSÉ, déliant la corde qui attache les mains de Carmen.

Carmen, je suis comme un homme ivre;
Si je cède, si je me livre,
Ta promesse, tu la tiendras...
Si je t'aime, tu m'aimeras...

CARMEN, à peine chanté, murmuré.

Près de la porte de Séville,
Chez mon ami Lillas Pastia,
Nous danserons la seguedille
Et boirons du Manzanilla.

JOSÉ.

(Parlé.) Le lieutenant!... Prenez garde.

Carmen va se replacer sur son escabeau, les mains derrière le dos. — Rentre le lieutenant.

SCÈNE XI

LES MÊMES, LE LIEUTENANT, puis LES OUVRIÈRES, LES SOLDATS, LES BOURGEOIS.

LE LIEUTENANT.

Voici l'ordre, partez et faites bonne garde...

CARMEN, bas à José.

Sur le pont je te pousserai
Aussi fort que je le pourrai...
Laisse-toi renverser... le reste me regarde!

Elle se place entre les deux dragons. José à côté d'elle. Les femmes et les bourgeois pendant ce temps sont rentrés en scène toujours maintenus à distance par les dragons... Carmen traverse la scène de gauche à droite allant vers le pont...

L'amour est enfant de Bohême,
Il n'a jamais connu de loi ;
Si tu ne m'aimes pas, je t'aime,
Si je t'aime, prends garde à toi.

En arrivant à l'entrée du pont à droite, Carmen pousse José qui se laisse renverser. Confusion, désordre, Carmen s'enfuit. Arrivée au milieu du pont, elle s'arrête un instant, jette sa corde à la volée par-dessus le parapet du pont, et se sauve pendant que sur la scène, avec de grands éclats de rire, les cigarières entourent le lieutenant.

ACTE DEUXIÈME

SCÈNE PREMIÈRE

CARMEN, LE LIEUTENANT, MORALÈS,
OFFICIERS et BOHÉMIENNES.

La taverne de Lillas Pastia. — Tables à droite et à gauche. Carmen, Mercédès, Frasquita, le lieutenant Zuniga, Moralès et un lieutenant. C'est la fin d'un diner. La table est en désordre. Les officiers et les Bohémiennes fument des cigarettes. Deux Bohémiens râclent de la guitare dans un coin de la taverne et deux Bohémiennes, au milieu de la scène, dansent. — Carmen est assise regardant danser les Bohémiennes, le lieutenant lui parle bas, mais elle ne fait aucune attention à lui. Elle se lève tout à coup et se met à chanter.

CARMEN.

I

Les tringles des sistres tintaient
Avec un éclat métallique,
Et sur cette étrange musique
Les zingarellas se levaient,
Tambours de basque allaient leur train,
Et les guitares forcenées
Grinçaient sous des mains obstinées,
Même chanson, même refrain,
La la la la la.

Sur ce refrain les Bohémiennes dansent. Mercédès et Frasquita reprennent avec Carmen le : La la la la la.

II

Les anneaux de cuivre et d'argent
Reluisaient sur les peaux bistrées ;
D'orange ou de rouge zébrées
Les étoffes flottaient au vent ;
La danse au chant se mariait,
D'abord indécise et timide,
Plus vive ensuite et plus rapide,
Cela montait, montait, montait !. .
La la la la la.

MERCÉDÈS ET FRASQUITA.

La la la la la la.

III

Les Bohémiens à tour de bras,
De leurs instruments faisaient rage,
Et cet éblouissant tapage,
Ensorcelait les zingaras!
Sous le rhythme de la chanson,
Ardentes, folles, enfiévrées,
Elles se laissaient, enivrées,
Emporter par le tourbillon!
La la la la la la.

LES TROIS VOIX.

La la la la la la.

Mouvement de danse très-rapide, très-violent. Carmen elle même danse et vient, avec les dernières notes de l'orchestre, tomber haletante sur un banc de la taverne. Après la danse, Lillas Pastia se met à tourner autour des officiers d'un air embarrassé.

LE LIEUTENANT.

Vous avez quelque chose à nous dire, maître Lillas Pastia?

PASTIA.

Mon Dieu, messieurs...

MORALÈS.

Parle, voyons...

PASTIA.

Il commence à se faire tard... et je suis, plus que personne, obligé d'observer les règlements. Monsieur le corrégidor étant assez mal disposé à mon égard... je ne sais pas pourquoi il est mal disposé...

LE LIEUTENANT.

Je le sais très-bien, moi. C'est parce que ton auberge est le rendez-vous ordinaire de tous les contrebandiers de la province.

PASTIA.

Que ce soit pour cette raison ou pour une autre, je suis obligé de prendre garde... or, je vous le répète, il commence à se faire tard.

MORALÈS.

Cela veut dire que tu nous mets à la porte!...

PASTIA.

Oh! non, messieurs les officiers... oh! non... je vous fais seulement observer que mon auberge devrait être fermée depuis dix minutes...

LE LIEUTENANT.

Dieu sait ce qui s'y passe dans ton auberge une fois qu'elle est fermée...

PASTIA.

Oh! mon lieutenant...

LE LIEUTENANT.

Enfin! nous avons encore, avant l'appel, le temps d'aller passer une heure au théâtre... vous y viendrez avec nous, n'est-ce pas, les belles?

Pastia fait signe aux Bohémiennes de refuser.

FRASQUITA.

Non, messieurs les officiers, non, nous restons ici, nous.

LE LIEUTENANT.

Comment, vous ne viendrez pas...

MERCÉDÈS.

C'est impossible...

MORALÈS.

Mercédès!...

MERCÉDÈS.

Je regrette...

MORALÈS.

Frasquita!

FRASQUITA.

Je suis désolée...

LE LIEUTENANT.

Mais toi, Carmen... je suis bien sûr que tu ne refuseras pas...

CARMEN.

C'est ce qui vous trompe, mon lieutenant... je refuse et encore plus nettement qu'elles deux, si c'est possible...

Pendant que le lieutenant parle à Carmen, Andrès et les deux autres lieutenants essaient de fléchir Frasquita et Mercédès.

LE LIEUTENANT.

Tu m'en veux?

CARMEN.

Pourquoi vous en voudrais-je?

LE LIEUTENANT.

Parce qu'il y a un mois j'ai eu la cruauté de t'envoyer à la prison...

CARMEN, comme si elle ne se rappelait pas.

A la prison?...

LE LIEUTENANT.

J'étais de service, je ne pouvais pas faire autrement.

CARMEN, *même jeu.*

A la prison... je ne me souviens pas d'être allée à la prison...

LE LIEUTENANT.

Je le sais pardieu bien que tu n'y es pas allée... le brigadier qui était chargé de te conduire ayant jugé à propos de te laisser échapper... et de se faire dégrader et emprisonner pour cela...

CARMEN, *sérieuse.*

Dégrader et emprisonner ?...

LE LIEUTENANT.

Mon Dieu oui... on n'a pas voulu admettre qu'une aussi petite main ait été assez forte pour renverser un homme...

CARMEN.

Oh!

LE LIEUTENANT.

Cela n'a pas paru naturel...

CARMEN.

Et ce pauvre garçon est redevenu simple soldat?...

LE LIEUTENANT.

Oui... et il a passé un mois en prison...

CARMEN.

Mais il en est sorti?...

LE LIEUTENANT.

Depuis hier seulement!

CARMEN, *faisant claquer ses castagnettes.*

Tout est bien puisqu'il en est sorti, tout est bien.

LE LIEUTENANT.

A la bonne heure, tu te consoles vite...

CARMEN, *à part.*

Et j'ai raison... (*Haut.*) Si vous m'en croyez, vous ferez comme moi, vous voulez nous emmener, nous ne voulons pas vous suivre... vous vous consolerez...

MORALÈS.

Il faudra bien.

La scène est interrompue par un chœur chanté dans la coulisse.

CHŒUR.

Vivat! vivat le torero!
Vivat! vivat Escamillo!
Jamais homme intrépide
N'a par un coup plus beau,
D'une main plus rapide,
Terrassé le taureau!
Vivat! vivat le torero!
Vivat! vivat Escamillo!..

LE LIEUTENANT.

Qu'est-ce que c'est que ça ?

MERCÉDÈS.

Une promenade aux flambeaux...

MORALÈS.

Et qui promène-t-on?

FRASQUITA.

Je le reconnais... c'est Escamillo... un torero qui s'est fait remarquer aux dernières courses de Grenade et qui promet d'égaler la gloire de Montes et de Pepe Illo...

MORALÈS.

Pardieu, il faut le faire venir... nous boirons en son honneur !

LE LIEUTENANT.

C'est cela, je vais l'inviter (Il va à la fenêtre.) Monsieur le torero .. voulez-vous nous faire l'amitié de monter ici ? vous y trouverez des gens qui aiment fort tous ceux qui, comme vous, ont de l'adresse et du courage... (Quittant la fenêtre.) Il vient...

PASTIA, suppliant.

Messieurs les officiers, je vous avais dit...

LE LIEUTENANT.

Ayez la bonté de nous laisser tranquille, maître Lillas Pastia, et faites-nous apporter de quoi boire...

REPRISE DU CHŒUR.

Vivat ! vivat le torero !
Vivat ! vivat Escamillo !

Paraît Escamillo.

SCÈNE II

LES MÊMES, ESCAMILLO.

LE LIEUTENANT.

Ces dames et nous, vous remercions d'avoir accepté notre invitation ; nous n'avons pas voulu vous laisser passer sans boire avec vous au grand art de la tauromachie...

ESCAMILLO.

Messieurs les officiers, je vous remercie.

I

Votre toast... je peux vous le rendre,
Sénors, car avec les soldats
Les toreros peuvent s'entendre,

Pour plaisir ils ont les combats.
Le cirque est plein, c'est jour de fête,
Le cirque est plein du haut en bas.
Les spectateurs perdant la tête
S'interpellent à grands fracas ;
Apostrophes, cris et tapage
Poussés jusques à la fureur,
Car c'est la fête du courage,
C'est la fête des gens de cœur.
Toréador, en garde,
Et songe en combattant
Qu'un œil noir te regarde
Et que l'amour t'attend.

TOUT LE MONDE.

Toreador, en garde,
Etc., etc.

Entre les deux couplets, Carmen remplit le verre d'Escamillo.

II

Tout d'un coup l'on a fait silence ;
Plus de cris ! que se passe-t-il ?
C'est l'instant, le taureau s'élance
En bondissant hors du toril...
Il entre, il frappe, un cheval roule
En entraînant un picador.
Bravo toro !... hurle la foule,
Le taureau va, vient, frappe encor...
En secouant ses banderilles...
Il court, le cirque est plein de sang ;
On se sauve... on franchit les grilles ;
Allons... c'est ton tour maintenant.
Toreador, en garde,
Et songe en combattant
Qu'un œil noir te regarde
Et que l'amour t'attend.

TOUT LE MONDE.

Toreador, en garde,
Etc.

On boit, on échange des poignées de main avec le torero.

PASTIA.

Messieurs les officiers, je vous en prie.

LE LIEUTENANT.

C'est bien, c'est bien, nous partons.

Les officiers commencent à se préparer à partir. — Escamillo se trouve près de Carmen.

ESCAMILLO.

Dis-moi ton nom, et la première fois que je frapperai le taureau, ce sera ton nom que je prononcerai.

CARMEN.

Je m'appelle la Carmencita.

ESCAMILLO.

La Carmencita ?

CARMEN.

Carmen, la Carmencita, comme tu voudras.

ESCAMILLO.

Eh bien, Carmen, ou la Carmencita, si je m'avisais de t'aimer et de vouloir être aimé de toi, qu'est-ce que tu me répondrais ?

CARMEN.

Je répondrais que tu peux m'aimer tout à ton aise, mais que quant à être aimé de moi pour le moment, il n'y faut pas songer !

ESCAMILLO.

Ah !

CARMEN.

C'est comme ça.

ESCAMILLO.

J'attendrai alors et je me contenterai d'espérer...

CARMEN.

Il n'est pas défendu d'attendre et il est toujours agréable d'espérer.

MORALÈS, à Frasquita et Mercédès.

Vous ne venez pas décidément ?

MERCÉDÈS et FRASQUITA, sur un nouveau signe de Pastia.

Mais non, mais non...

MORALÈS, au lieutenant.

Mauvaise campagne, lieutenant.

LE LIEUTENANT.

Bah ! la bataille n'est pas encore perdue.. (Bas à Carmen.) Écoute-moi, Carmen, puisque tu ne veux pas venir avec nous, c'est moi qui dans une heure reviendrai ici...

CARMEN.

Ici... ?

LE LIEUTENANT.

Oui, dans une heure... après l'appel.

CARMEN.

Je ne vous conseille pas de revenir...

LE LIEUTENANT, riant.

Je reviendrai tout de même. (Haut.) Nous partons avec

vous, torero, et nous nous joindrons au cortége qui vous accompagne.

ESCAMILLO.

C'est un grand honneur pour moi, je tâcherai de ne pas m'en montrer indigne lorsque je combattrai sous vos yeux.

REPRISE DE L'AIR :

Toreador, en garde,
Et songe en combattant,
Etc., etc.

Tout le monde sort, excepté Carmen, Frasquita, Mercédès et Lillas Pastia.

SCÈNE III

CARMEN, FRASQUITA, MERCÉDÈS, PASTIA.

FRASQUITA, à Pastia.

Pourquoi étais-tu si pressé de les faire partir et pourquoi nous as-tu fait signe de ne pas les suivre?...

PASTIA.

Le Dancaïre et le Remendado viennent d'arriver... ils ont à vous parler de vos affaires, des affaires d'Égypte.

CARMEN.

Le Dancaïre et le Remendado ?...

PASTIA, ouvrant une porte et appelant du geste.

Oui, les voici... tenez...

Entrent le Dancaïre et le Remendado. — Pastia ferme les portes, met les volets, etc. etc.

SCÈNE IV

CARMEN, FRASQUITA, MERCÉDÈS, LE DANCAIRE, LE REMENDADO.

FRASQUITA.

Eh bien, les nouvelles?

LE DANCAIRE.

Pas trop mauvaises les nouvelles; nous arrivons de Gibraltar...

LE REMENDADO.

Jolie ville, Gibraltar!... on y voit des Anglais, beaucoup d'Anglais, de jolis hommes les Anglais ; un peu froids, mais distingués.

LE DANCAIRE.

Remendado !...

REMENDADO.

Patron.

LE DANCAIRE, mettant la main sur son couteau.

Vous comprenez ?

LE REMENDADO.

Parfaitement, patron...

LE DANCAIRE.

Taisez-vous alors. Nous arrivons de Gibraltar, nous avons arrangé avec un patron de navire l'embarquement de marchandises anglaises. Nous irons les attendre près de la côte, nous en cacherons une partie dans la montagne et nous ferons passer le reste. Tous nos camarades ont été prévenus... ils sont ici, cachés, mais c'est de vous trois surtout que nous avons besoin... vous allez partir avec nous...

CARMEN, riant.

Pourquoi faire ? pour vous aider à porter les ballots?...

LE REMENDADO.

Oh! non... faire porter des ballots à des dames... ça ne serait pas distingué.

LE DANCAIRE, menaçant.

Remendado?

LE REMENDADO.

Oui, patron.

LE DANCAIRE.

Nous ne vous ferons pas porter des ballots, mais nous aurons besoin de vous pour autre chose.

QUINTETTE.

LE DANCAIRE.

Nous avons en tête une affaire.

MERCÉDÈS.

Est-elle bonne, dites-nous?

LE REMENDADO.

Elle est admirable, ma chère;
Mais nous avons besoin de vous.

LES TROIS FEMMES.

De nous?

LES DEUX HOMMES.

De vous,
Car nous l'avouons humblement,
Et très-respectueusement,
En matière de tromperie,
De duperie,
De volerie,

Il est toujours bon, sur ma foi,
D'avoir les femmes avec soi,
Et sans elles,
Mes toutes belles,
On ne fait jamais rien de bien.

LES TROIS FEMMES.

Quoi! sans nous jamais rien,
De bien?

LES DEUX HOMMES.

N'êtes-vous pas de cet avis?

LES TROIS FEMMES.

Si fait, je suis
De cet avis.

TOUS LES CINQ.

En matière de tromperie,
De duperie,
De volerie,
Il est toujours bon, sur ma foi,
D'avoir les femmes avec soi,
Et sans elles,
Les toutes belles,
On ne fait jamais rien
De bien.

LE DANCAIRE.

C'est dit alors, vous partirez.

MERCÉDÈS et FRASQUITA.

Quand vous voudrez.

LE REMENDADO.

Mais tout de suite.

CARMEN.

Ah! permettez;

A Mercédès et à Frasquita.

S'il vous plaît de partir, partez,
Mais je ne suis pas du voyage;
Je ne pars pas... je ne pars pas.

LE DANCAIRE.

Carmen, mon amour, tu viendras,
Et tu n'auras pas le courage
De nous laisser dans l'embarras.

CARMEN.

Je ne pars pas, je ne pars pas.

LE REMENDADO.

Mais au moins la raison, Carmen, tu la diras?

CARMEN.

Je la dirai certainement;

La raison, c'est qu'en ce moment
Je suis amoureuse.

LES DEUX HOMMES, stupéfaits.

Qu'a-t-elle dit?

FRASQUITA.

Elle dit qu'elle est amoureuse.

LES DEUX HOMMES.

Amoureuse!

LES DEUX FEMMES.

Amoureuse!

CARMEN.

Amoureuse!

LES DEUX HOMMES.

Voyons, Carmen, sois sérieuse.

CARMEN.

Amoureuse à perdre l'esprit.

LES DEUX HOMMES.

Certes, la chose nous étonne,
Mais ce n'est pas le premier jour
Où vous aurez su, ma mignonne,
Faire marcher de front le devoir et l'amour.

CARMEN.

Mes amis, je serais fort aise
De pouvoir vous suivre ce soir,
Mais cette fois, ne vous déplaise,
Il faudra que l'amour passe avant le devoir.

LE DANCAIRE.

Ce n'est pas là ton dernier mot ?

CARMEN.

Pardonnez-moi.

LE REMENDADO.

Carmen, il faut
Que tu te laisses attendrir.

TOUS LES QUATRE.

Il faut venir, Carmen, il faut venir.
Pour notre affaire,
C'est nécessaire,
Car entre nous,

LES DEUX FEMMES.

Car entre nous...

CARMEN.

Quant à cela, je l'admets avec vous.

REPRISE GÉNÉRALE.

En matière de tromperie

De duperie,
De volerie,
Etc.

LE DANCAIRE.

En voilà assez; je t'ai dit qu'il fallait venir, et tu viendras... je suis le chef...

CARMEN.

Comment dis-tu ça?

LE DANCAIRE.

Je te dis que je suis le chef...

CARMEN.

Et tu crois que je t'obéirai?...

LE DANCAIRE, furieux.

Carmen!...

CARMEN, très-calme.

Eh bien!...

LE REMENDADO, se jetant entre le Dancaïre et Carmen.

Je vous en prie... des personnes si distinguées...

LE DANCAIRE, envoyant un coup de pied que le Remendado évite.

Attrape ça, toi...

LE REMENDADO, se redressant.

Patron...

LE DANCAIRE.

Qu'est-ce que c'est?

LE REMENDADO.

Rien, patron!

LE DANCAIRE.

Amoureuse... ce n'est pas une raison, cela.

LE REMENDADO.

Le fait est que ce n'en est pas une... moi aussi je suis amoureux et ça ne m'empêche pas de me rendre utile.

CARMEN.

Partez sans moi... j'irai vous rejoindre demain... mais pour ce soir je reste...

FRASQUITA.

Je ne t'ai jamais vue comme cela; qui attends-tu donc?...

CARMEN.

Un pauvre diable de soldat qui m'a rendu service...

MERCÉDÈS.

Ce soldat qui était en prison?

CARMEN.

Oui...

FRASQUITA.

Et à qui, il y a quinze jours, le geôlier a remis de ta

part un pain dans lequel il y avait une pièce d'or et une lime ?...

CARMEN, remontant vers la fenêtre.

Oui.

LE DANCAIRE.

Il s'en est servi de cette lime?...

CARMEN, remontant vers la fenêtre.

Non.

LE DANCAIRE.

Tu vois bien! ton soldat aura eu peur d'être puni plus rudement qu'il ne l'avait été; ce soir encore il aura peur... tu auras beau entr'ouvrir les volets et regarder s'il vient, je parierais qu'il ne viendra pas.

CARMEN.

Ne parie pas, tu perdrais...

On entend dans le lointain la voix de don José.

DON JOSÉ, la voix très-éloignée.

Halte là!
Qui va là?
Dragon d'Almanza!
Où t'en vas-tu par là,
Dragon d'Almanza?
Moi je m'en vais faire,
A mon adversaire,
Mordre la poussière.
S'il en est ainsi,
Passez mon ami.
Affaire d'honneur,
Affaire de cœur,
Pour nous tout est là,
Dragons d'Almanza.

La musique n'arrête pas. Carmen, le Dancaïre, le Remendado, Mercédès et Frasquita, par les volets entr'ouverts, regardent venir don José.

MERCÉDÈS.

C'est un dragon, ma foi.

FRASQUITA.

Et un beau dragon.

LE DANCAIRE, à Carmen.

Eh bien, puisque tu ne veux venir que demain, sais-tu au moins ce que tu devrais faire?

CARMEN.

Qu'est-ce que je devrais faire?...

LE DANCAIRE.

Tu devrais décider ton dragon à venir avec toi et à se joindre à nous.

CARMEN.

Ah!.. si cela se pouvait!.. mais il n'y faut pas penser... ce sont des bêtises... il est trop niais.

LE DANCAIRE.

Pourquoi l'aimes-tu puisque tu conviens toi-même...

CARMEN.

Parce qu'il est joli garçon donc et qu'il me plaît.

LE REMENDADO, avec fatuité.

Le patron ne comprend pas ça, lui... qu'il suffise d'être joli garçon pour plaire aux femmes...

LE DANCAIRE.

Attends un peu, toi, attends un peu...

Le Remendado se sauve et sort. Le Dancaire le poursuit et sort à son tour entraînant Mercédès et Frasquita qui essaient de le calmer.

DON JOSÉ, la voix beaucoup plus rapprochée.

Halte-là!
Qui va là?
Dragon d'Almanza!
Où t'en vas-tu par là,
Dragon d'Almanza?
Exact et fidèle,
Je vais où m'appelle
L'amour de ma belle.
S'il en est ainsi,
Passez mon ami.
Affaire d'honneur,
Affaire de cœur,
Pour nous tout est là,
Dragons d'Almanza!

Entre don José.

SCÈNE V

DON JOSÉ, CARMEN.

CARMEN.

Enfin... te voilà... C'est bien heureux.

JOSÉ.

Il y a deux heures seulement que je suis sorti de prison.

CARMEN.

Qui t'empêchait de sortir plus tôt? Je t'avais envoyé une lime et une pièce d'or... avec la lime il fallait scier le plus gros barreau de ta prison... avec la pièce d'or il fallait, chez le premier fripier venu, changer ton uniforme pour un habit bourgeois.

JOSÉ.

En effet, tout cela était possible.

CARMEN.

Pourquoi ne l'as-tu pas fait ?

JOSÉ.

Que veux-tu? j'ai encore mon honneur de soldat, et déserter me semblerait un grand crime... Oh! je ne t'en suis pas moins reconnaissant... Tu m'as envoyé une lime et une pièce d'or... La lime me servira pour affiler ma lance et je la garde comme souvenir de toi. (Lui tendant la pièce d'or.) Quant à l'argent...

CARMEN.

Tiens, il l'a gardé!... ça se trouve à merveille... (Criant et frappant.) Holà!... Lillas Pastia, holà!... nous mangerons tout... tu me régales... holà! holà!... Entre Pastia.

PASTIA, l'empêchant de crier.

Prenez donc garde...

CARMEN, lui jetant la pièce.

Tiens, attrape... et apporte-nous des fruits confits; apporte-nous des bonbons, apporte nous des oranges, apporte-nous du Manzanilla... apporte-nous de tout ce que tu as, de tout, de tout...

PASTIA.

Tout de suite, mademoiselle Carmencita. Il sort.

CARMEN, à José.

Tu m'en veux alors et tu regrettes de t'être fait mettre en prison pour mes beaux yeux?

JOSÉ.

Quant à cela non, par exemple.

CARMEN.

Vraiment.

JOSÉ.

L'on m'a mis en prison, l'on m'a ôté mon grade, mais ça m'est égal.

CARMEN.

Parce que tu m'aimes?

JOSÉ

Oui, parce que je t'aime, parce que je t'adore.

CARMEN, mettant ses deux mains dans les mains de José.

Je paie mes dettes... c'est notre loi à nous autres bohémiennes... Je paie mes dettes... je paie mes dettes...

Rentre Lilla Pastia apportant sur un plateau des oranges, des bonbons, des fruits confits, du Manzanilla.

CARMEN.

Mets tout cela ici... d'un seul coup, n'aie pas peur...

(Pastia obéit et la moitié des objets roule par terre.) Ça ne fait rien, nous ramasserons tout ça nous-mêmes .. sauve-toi maintenant, sauve-toi, sauve-toi. (Pastia sort.) Mets-toi là et mangeons de tout! de tout! de tout!

Elle est assise; don José s'assied en face d'elle.

JOSÉ.

Tu croques les bonbons comme un enfant de six ans...

CARMEN.

C'est que je les aime... Ton lieutenant était ici tout à l'heure, avec d'autres officiers, ils nous ont fait danser la Romalis...

JOSÉ.

Tu as dansé?

CARMEN.

Oui; et quand j'ai eu dansé, ton lieutenant s'est permis de me dire qu'il m'adorait...

JOSÉ.

Carmen!..

CARMEN.

Qu'est-ce que tu as?.. Est-ce que tu serais jaloux, par hasard?...

JOSÉ.

Mais certainement, je suis suis jaloux...

CARMEN.

Ah bien!.. Canari, va!.. tu es un vrai canari d'habit et de caractère... allons, ne te fâche pas... pourquoi es-tu jaloux? parce que j'ai dansé tout à l'heure pour ces officiers... Eh bien, si tu le veux, je danserai pour toi maintenant, pour toi tout seul.

JOSÉ.

Si je le veux, je crois bien que je le veux...

CARMEN.

Où sont mes castagnettes?.. qu'est-ce que j'ai fait de mes castagnettes? (En riant.) C'est toi qui me les a prises, mes castagnettes?

JOSÉ.

Mais non!

CARMEN, tendrement.

Mais si, mais si... je suis sûr que c'est toi... ah! bah! en voilà des castagnettes (Elle casse une assiette, avec deux morceaux de faïence, se fait des castagnettes et les essaie...) Ah! ça ne vaudra jamais mes castagnettes... Où sont-elles donc?

JOSÉ, trouvant les castagnettes sur la table à droite.

Tiens! les voici. .

CARMEN, riant.

Ah! tu vois bien... c'est toi qui les avais prises...

JOSÉ.

Ah! que je t'aime, Carmen, que je t'aime!

CARMEN.

Je l'espère bien.

DUO

CARMEN.

Je vais en ton honneur danser la Romalis,
Et tu verras, mon fils,
Comment je sais moi-même accompagner ma danse.
Mettez-vous là, don José, je commence.

Elle fait asseoir don José dans un coin du théâtre. Petite danse. Carmen, du bout des lèvres, fredonne un air qu'elle accompagne avec ses castagnettes. Don José la dévore des yeux. On entend au loin, très-au loin, des clairons qui sonnent la retraite. Don José prête l'oreille. Il croit entendre les clairons, mais les castagnettes de Carmen claquent très-bruyamment. Don José s'approche de Carmen, lui prend le bras, et l'oblige à s'arrêter.

DON JOSÉ.

Attends un peu, Carmen, rien qu'un moment, arrête.

CARMEN.

Et pourquoi, s'il te plaît?

DON JOSÉ.

Il me semble, là-bas...
Oui, ce sont nos clairons qui sonnent la retraite
Ne les entends-tu pas?

CARMEN.

Bravo! j'avais beau faire... Il est mélancolique
De danser sans orchestre. Et vive la musique
Qui nous tombe du ciel!

Elle reprend sa chanson qui se rhythme sur la retraite sonnée au dehors par les clairons. Carmen se remet à danser et don José se remet à regarder Carmen. La retraite approche... approche... approche, passe sous les fenêtres de l'auberge... puis s'éloigne... Le son des clairons va s'affaiblissant. Nouvel effort de don José pour s'arracher à cette contemplation de Carmen... Il lui prend le bras et l'oblige encore à s'arrêter.

DON JOSÉ.

Tu ne m'as pas compris... Carmen, c'est la retraite,...
Il faut que, moi, je rentre au quartier pour l'appel.

Le bruit de la retraite cesse tout à coup.

CARMEN, regardant don José qui remet sa giberne et rattache le ceinturon de son sabre.

Au quartier! pour l'appel! j'étais vraiment bien bête!
Je me mettais en quatre et je faisais des frais
Pour amuser monsieur! je chantais... je dansais...
Je crois, Dieu me pardonne,
Qu'un peu plus, je l'aimais...

Ta ra a ta, c'est le clairon qui sonne !
Il part ! il est parti !
Va-t'en donc, canari.

Avec fureur, lui envoyant son shako à la volée.

Prends ton shako, ton sabre, ta giberne,
Et va-t'en, mon garçon, retourne à ta caserne.

DON JOSÉ.

C'est mal à toi, Carmen, de te moquer de moi ;
Je souffre de partir... car jamais, jamais femme,
Jamais femme avant toi
Aussi profondément n'avait troublé mon âme.

CARMEN

Ta ra ta ta, mon Dieu... c'est la retraite,
Je vais être en retard. Il court, il perd la tête,
Et voilà son amour.

DON JOSÉ.

Ainsi tu ne crois pas
A mon amour?

CARMEN.

Mais non !

DON JOSÉ.

Eh bien ! tu m'entendras.

CARMEN.

Je ne veux rien entendre...
Tu vas te faire attendre.

DON JOSÉ, *violemment.*

Tu m'entendras, Carmen, tu m'entendras !

De la main gauche il a saisi brusquement le bras de Carmen ; de la main droite, il va chercher sous sa veste d'uniforme la fleur de cassie que Carmen lui a jetée au premier acte. — Il montre cette fleur à Carmen.

DON JOSÉ.

I

La fleur que tu m'avais jetée,
Dans ma prison m'était restée
Flétrie et sèche, mais gardant
Son parfum terrible, enivrant.
Et pendant des heures entières,
Sur mes yeux fermant mes paupières,
Ce parfum, je le respirais
Et dans la nuit je te voyais.
Car tu n'avais eu qu'à paraître,
Qu'à jeter un regard sur moi
Pour t'emparer de tout mon être,
Et j'étais une chose à toi.

II

Je me prenais à te maudire,

A te détester, à me dire :
Pourquoi faut-il que le destin
L'ait mise là sur mon chemin ?
Puis je m'accusais de blasphème
Et je ne sentais en moi-même
Qu'un seul désir, un seul espoir,
Te revoir, Carmen, te revoir !...
Car tu n'avais eu qu'à paraître,
Qu'à jeter un regard sur moi
Pour t'emparer de tout mon être
Et j'étais une chose à toi.

CARMEN.

Non, tu ne m'aimes pas, non, car si tu m'aimais,
Là-bas, là-bas, tu me suivrais.

DON JOSÉ.

Carmen !

CARMEN.

Là-bas, là-bas dans la montagne,
Sur ton cheval tu me prendrais,
Et comme un brave à travers la campagne,
En croupe, tu m'emporterais.

DON JOSÉ.

Carmen !

CARMEN.

Là-bas, là-bas, si tu m'aimais,
Là-bas, là-bas, tu me suivrais.
Point d'officier à qui tu doives obéir
Et point de retraite qui sonne
Pour dire à l'amoureux qu'il est temps de partir.

JOSÉ.

Carmen !

CARMEN.

Le ciel ouvert, la vie errante,
Pour pays l'univers, pour loi ta volonté,
Et surtout la chose enivrante,
La liberté ! la liberté !
Là-bas, là-bas, si tu m'aimais,
Là-bas, là-bas, tu me suivrais

JOSÉ, *presque vaincu.*

Carmen !

CARMEN.

Oui, n'est-ce pas,
Là-bas, là-bas, tu me suivras,
Tu m'aimes et tu me suivras.

JOSÉ, *s'arrachant brusquement des bras de Carmen.*

Non, je ne veux plus t'écouter...

Quitter mon drapeau... déserter...
C'est la honte, c'est l'infamie,
Je n'en veux pas !

CARMEN.

Eh bien, pars !

JOSÉ.

Carmen, je t'en prie...

CARMEN.

Je ne t'aime plus, je te hais !

JOSÉ.

Carmen !

CARMEN.

Adieu ! mais adieu pour jamais.

JOSÉ.

Eh bien, soit... adieu pour jamais.

Il va en courant jusqu'à la porte... Au moment où il y arrive, on frappe... don José s'arrête, silence. On frappe encore.

SCÈNE VI

LES MÊMES, LE LIEUTENANT.

LE LIEUTENANT, au dehors.

Holà ! Carmen ! Holà ! holà !

JOSÉ.

Qui frappe ? qui vient là ?

CARMEN.

Tais-toi !..

LE LIEUTENANT, faisant sauter la porte.

J'ouvre moi-même et j'entre.

Il entre et voit don José. — A Carmen.

Ah ! fi, la belle,
Le choix n'est pas heureux ; c'est se mésallier
De prendre le soldat quand on a l'officier. A don José.
Allons ! décampe.

JOSÉ.

Non.

LE LIEUTENANT.

Si fait tu partiras.

JOSÉ.

Je ne partirai pas.

LE LIEUTENANT, le frappant.

Drôle !

DON JOSÉ, sautant sur son sabre.

Tonnerre ! il va pleuvoir des coups.

Le lieutenant dégaine à moitié.

CARMEN, se jetant entre eux deux.

Au diable le jaloux ! Appelant.

A moi! à moi!

Le Dancaire, le Remendado et les Bohémiens paraissent de tous les côtés. Carmen d'un geste montre le lieutenant aux Bohémiens; le Dancaire et le Remendado se jettent sur lui, le désarment.

Mon officier, l'amour
Vous joue en ce moment un assez vilain tour,
Vous arrivez fort mal et nous sommes forcés,
Ne voulant être dénoncés,
De vous garder au moins pendant une heure.

LE DANCAIRE et LE REMENDADO.

Nous allons, cher monsieur, quitter cette demeure,
Vous viendrez avec nous...

CARMEN.

C'est une promenade ;
Consentez-vous ?

LE DANCAIRE et LE REMENDADO, le pistolet à main.

Répondez, camarade,
Consentez-vous?

LE LIEUTENANT.

Certainement,
D'autant plus que votre argument
Est un de ceux auxquels on ne résiste guère,
Mais gare à vous plus tard.

LE DANCAIRE, avec philosophie.

La guerre, c'est la guerre,
En attendant, mon officier,
Passez devant sans vous faire prier.

CHŒUR

Passez devant sans vous faire prier.

L'officier sort, emmené par quatre Bohémiens le pistolet à la main.

CARMEN, à don José.

Es-tu des nôtres maintenant ?

JOSÉ.

Il le faut bien.

CARMEN.

Le mot n'est pas galant,
Mais qu'importe, tu t'y feras
Quand tu verras
Comme c'est beau la vie errante,
Pour pays l'univers, pour loi ta volonté,
Et surtout la chose enivrante,
La liberté ! la liberté !

TOUS.

Le ciel ouvert ! la vie errante,
Pour pays l'univers, pour loi sa volonté,
Et surtout la chose enivrante,
La liberté ! la liberté !

ACTE TROISIÈME

Le rideau se lève sur des rochers,.. site pittoresque et sauvage... Solitude complète et nuit noire. Prélude musical. — Au bout de quelques instants, un contrebandier paraît au haut des rochers, puis un autre, puis deux autres, puis vingt autres çà et là, descendant et escaladant des rochers. Des hommes portent de gros ballots sur les épaules.

—

SCÈNE PREMIÈRE

CARMEN, JOSÉ, LE DANCAIRE,
LE REMENDADO, FRASQUITA, MERCÉDÈS,
CONTREBANDIERS.

CHŒUR

Écoute, compagnon, écoute,
La fortune est là-bas, là-bas,
Mais prends garde pendant la route,
Prends garde de faire un faux pas.

LE DANCAIRE, JOSÉ, CARMEN, MERCÉDÈS, FRASQUITA.

Notre métier est bon, mais pour le faire il faut
Avoir une âme forte,
Le péril est en bas, le péril est en haut,
Il est partout, qu'importe?
Nous allons devant nous, sans souci du torrent,
Sans souci de l'orage,
Sans souci du soldat qui là-bas nous attend,
Et nous guette au passage.
Écoute, compagnon, écoute,
La fortune est là-bas, là-bas...
Mais prends garde pendant la route,
Prends garde de faire un faux pas.

LE DANCAIRE.

Halte! nous allons nous arrêter ici... ceux qui ont sommeil pourront dormir pendant une demi-heure...

LE REMENDADO, s'étendant avec volupté.

Ah!

LE DANCAIRE.

Je vais, moi, voir s'il y a moyen de faire entrer les marchandises dans la ville... une brèche s'est faite dans le mur d'enceinte et nous pourrions passer par là : malheureusement on a mis un factionnaire pour garder cette brèche.

JOSÉ.

Lillas Pastia nous a fait savoir que, cette nuit, ce factionnaire serait un homme à nous...

LE DANCAIRE.

Oui, mais Lillas Pastia a pu se tromper... le factionnaire qu'il veut dire a pu être changé... Avant d'aller plus loin je ne trouve pas mauvais de m'assurer par moi-même... (Appelant.) Remendado !...

LE REMENDADO, se réveillant.

Hé?

LE DANCAIRE.

Debout, tu vas venir avec moi...

LE REMENDADO.

Mais, patron...

LE DANCAIRE.

Qu'est-ce que c'est?...

LE REMENDADO, se levant.

Voilà, patron, voilà !...

LE DANCAIRE.

Allons, passe devant.

LE REMENDADO.

Et moi qui rêvais que j'allais pouvoir dormir... C'était un rêve, hélas, c'était un rêve !... Il sort suivi du Dancaire.

SCÈNE II

LES MÊMES, moins LE DANCAIRE et LE REMENDADO.

Pendant la scène entre Carmen et José, quelques Bohémiens allument un feu près duquel Mercédès et Frasquita viennent s'asseoir, les autres se roulent dans leurs manteaux, se couchent et s'endorment.

JOSÉ.

Voyons, Carmen... si je t'ai parlé trop durement, je t'en demande pardon, faisons la paix.

CARMEN.

Non.

JOSÉ.

Tu ne m'aimes plus alors?

CARMEN.

Ce qui est sûr c'est que je t'aime beaucoup moins qu'autrefois.., et que si tu continues à t'y prendre de cette façon-là, je finirai par ne plus t'aimer du tout... Je ne veux pas être tourmentée ni surtout commandée. Ce que je veux, c'est être libre et faire ce qui me plaît.

JOSÉ.

Tu es le diable, Carmen?

CARMEN.

Oui. Qu'est-ce que tu regardes là, à quoi penses-tu?...

JOSÉ.

Je me dis que là-bas... à sept ou huit lieues d'ici tout au plus, il y a un village, et dans ce village une bonne vieille femme qui croit que je suis encore un honnête homme...

CARMEN.

Une bonne vieille femme?

JOSÉ.

Oui; ma mère.

CARMEN.

Ta mère... Eh bien là, vrai, tu ne ferais pas mal d'aller la retrouver, car décidément tu n'es pas fait pour vivre avec nous... chien et loup ne font pas longtemps bon ménage...

JOSÉ.

Carmen...

CARMEN.

Sans compter que le métier n'est pas sans péril pour ceux qui, comme toi, refusent de se cacher quand ils entendent les coups de fusil... plusieurs des nôtres y ont laissé leur peau, ton tour viendra.

JOSÉ.

Et le tien aussi... si tu me parles encore de nous séparer et si tu ne te conduis pas avec moi comme je veux que tu te conduises...

CARMEN.

Tu me tuerais, peut-être?... (José ne répond pas.) A la bonne heure... j'ai vu plusieurs fois dans les cartes que nous devions finir ensemble. (Faisant claquer ses castagnettes.) Bah! arrive qui plante...

JOSÉ.

Tu es le diable, Carmen?...

CARMEN.

Mais oui, je te l'ai déjà dit...

Elle tourne le dos à José et va s'asseoir près de Mercédès et de Frasquita. — Après un instant d'indécision, José s'éloigne à son tour et va s'étendre sur les rochers. — Pendant les dernières répliques de la scène, Mercédès et Frasquita ont étalé des cartes devant elles.

TRIO

FRASQUITA.

Mêlons!

MERCÉDÈS.

Coupons!

FRASQUITA.

C'est bien cela.

MERCÉDÈS.

Trois cartes ici...

FRASQUITA.

Quatre là.

MERCÉDÈS et FRASQUITA.

Et maintenant, parlez, mes belles,
De l'avenir donnez-nous des nouvelles;
Dites-nous qui nous trahira,
Dites-nous qui nous aimera.

FRASQUITA.

Moi, je vois un jeune amoureux
Qui m'aime on ne peut davantage.

MERCÉDÈS.

Le mien est très-riche et très-vieux,
Mais il parle de mariage.

FRASQUITA.

Il me campe sur son cheval
Et dans la montagne il m'entraîne.

MERCÉDÈS.

Dans un château presque royal
Le mien m'installe en souveraine.

FRASQUITA.

De l'amour à n'en plus finir,
Tous les jours nouvelles folies.

MERCÉDÈS.

De l'or tant que j'en puis tenir,
Des diamants... des pierreries.

FRASQUITA.

Le mien devient un chef fameux,
Cent hommes marchent à sa suite.

MERCÉDÈS.

Le mien, en croirai-je mes yeux...
Il meurt, je suis veuve et j'hérite.

REPRISE DE L'ENSEMBLE.

Parlez encor, parlez, mes belles,
De l'avenir donnez-nous des nouvelles,
Dites-nous qui nous trahira,
Dites-nous qui nous aimera.

Elles recommencent à consulter les cartes.

FRASQUITA.

Fortune!

MERCÉDÈS.

Amour!

Carmen, depuis le commencement de la scène, suivait du regard le jeu de Mercédès et de Frasquita.

CARMEN.

Donnez que j'essaie à mon tour.

Elle se met à tourner les cartes. — Musique de scène.

Carreau, pique... la mort!
J'ai bien lu... moi d'abord.

Montrant don José endormi.

Ensuite lui... pour tous les deux la mort.

A voix basse, tout en continuant à mêler les cartes.

En vain pour éviter les réponses amères,
En vain tu mêleras,
Cela ne sert à rien, les cartes sont sincères
Et ne mentiront pas.
Dans le livre d'en haut, si ta page est heureuse,
Mêle et coupe sans peur,
La carte sous tes doigts se tournera joyeuse
T'annonçant le bonheur.

Mais si tu dois mourir, si le mot redoutable
Est écrit par le sort,
Recommence vingt fois... la carte impitoyable
Dira toujours : la mort!

Se remettant.

Bah! qu'importe après tout, qu'importe?..
Carmen bravera tout, Carmen est la plus forte!

TOUTES LES TROIS.

Parlez encor, parlez, mes belles,
De l'avenir donnez-nous des nouvelles,
Dites-nous qui nous trahira,
Dites-nous qui nous aimera.

Rentrent le Dancaïre et le Remendado.

SCÈNE III

CARMEN, JOSÉ, FRASQUITA, MERCÉDÈS, LE DANCAIRE, LE REMENDADO.

CARMEN.

Eh bien?...

LE DANCAIRE.

Eh bien, j'avais raison de ne pas me fier aux renseignements de Lillas Pastia ; nous n'avons pas trouvé son factionnaire, mais en revanche nous avons aperçu trois douaniers qui gardaient la brèche et qui la gardaient bien, je vous assure. .

CARMEN.

Savez-vous leurs noms à ces douaniers?...

LE REMENDADO.

Certainement nous savons leurs noms; qui est-ce qui connaîtrait les douaniers si nous ne les connaissions pas? il y avait Eusebio, Perez et Bartolomé...

FRASQUITA.

Eusebio...

MERCÉDÈS.

Perez.

CARMEN.

Et Bartolomé... (*En riant.*) N'ayez pas peur, Dancaïre, nous vous en répondons de vos trois douaniers...

JOSÉ, *furieux*.

Carmen!...

LE DANCAIRE.

Ah! toi, tu vas nous laisser tranquilles avec ta jalousie... le jour vient et nous n'avons pas de temps à perdre... En route, les enfants... (On commence à prendre les ballots.) Quant à toi, (S'adressant à José.) je te confie la garde des marchandises que nous n'emporterons pas... Tu vas te placer là, sur cette hauteur... tu y seras à merveille pour voir si nous sommes suivis...; dans le cas où tu apercevrais quelqu'un, je t'autorise à passer ta colère sur l'indiscret. — Nous y sommes?...

LE REMENDADO.

Oui, patron.

LE DANCAIRE.

En route alors... (Aux femmes.) Mais vous ne vous flattez pas, vous me répondez vraiment de ces trois douaniers?

CARMEN.

N'ayez pas peur, Dancaïre.

JOSÉ.

MORCEAU D'ENSEMBLE.

CARMEN.

Quant au douanier c'est notre affaire,
Tout comme un autre il aime à plaire,
Il aime à faire le galant,
Laissez-nous passer en avant.

CARMEN, MERCÉDÈS, FRASQUITA.

Quant au douanier c'est notre affaire,
Laissez-nous passer en avant.

MERCÉDÈS.

Et le douanier sera clément.

FRASQUITA.

Et le douanier sera charmant.

CARMEN.

Il sera même entreprenant!...

ENSEMBLE.

TOUTES LES FEMMES.

Quant au douanier c'est notre affaire,
Tout comme un autre il aime à plaire,
Il aime à faire le galant,
Laissez-nous passer en avant.

TOUS LES HOMMES.

Quant au douanier c'est leur affaire,
Tout comme un autre il aime à plaire,
Il aime à faire le galant,
Laissons-les passer en avant.

FRASQUITA.

Il ne s'agit plus de bataille,
Non, il s'agit tout simplement
De se laisser prendre la taille
Et d'écouter un compliment.

CARMEN, MERCÉDÈS, FRASQUITA.

Quant au douanier c'est notre affaire,
Etc , etc.

REPRISE DE L'ENSEMBLE.

MERCÉDÈS.

S'il faut aller jusqu'au sourire,
Que voulez-vous? on sourira,
Et d'avance, je puis le dire,
La contrebande passera.

CARMEN, MERCÉDÈS, FRASQUITA.

Quant au douanier c'est notre affaire.
Etc., etc.

REPRISE DE L'ENSEMBLE.

Tout le monde sort. — José ferme la marche et sort en examinant l'amorce de sa carabine ; — un peu avant qu'il soit sorti, on voit un homme passer sa tête au-dessus du rocher. C'est un guide.

SCÈNE IV

LE GUIDE, puis MICAELA.

LE GUIDE ; il s'avance avec précaution, puis fait un signe à Micaëla que l'on ne voit pas encore.

Nous y sommes.

MICAELA, entrant.

C'est ici.

LE GUIDE.

Oui, vilain endroit, n'est-ce pas, et pas rassurant du tout ?

MICAELA.

Je ne vois personne.

LE GUIDE.

Ils viennent de partir, mais ils reviendront bientôt car ils n'ont pas emporté toutes leurs marchandises... je connais leurs habitudes... prenez garde... l'un des leurs doit être en sentinelle quelque part et si l'on nous apercevait...

MICAELA.

Je l'espère bien qu'on m'apercevra... puisque je suis venue ici tout justement pour parler à.... pour parler à un de ces contrebandiers...

LE GUIDE.

Eh bien là, vrai, vous pouvez vous vanter d'avoir du courage... tout à l'heure quand nous nous sommes trouvés au milieu de ce troupeau de taureaux sauvages que conduisait le célèbre Escamillo, vous n'avez pas tremblé... Et maintenant venir ainsi affronter ces Bohémiens...

MICAELA.

Je ne suis pas facile à effrayer.

LE GUIDE.

Vous dites cela parce que je suis près de vous, mais si vous étiez toute seule...

MICAELA.

Je n'aurais pas peur, je vous assure.

LE GUIDE.

Bien vrai?...

MICAELA.

Bien vrai...

LE GUIDE, *naïvement.*

Alors je vous demanderai la permission de m'en aller. — J'ai consenti à vous servir de guide parce que vous m'avez bien payé; mais maintenant que vous êtes arrivée... si ça ne vous fait rien, j'irai vous attendre là, où vous m'avez pris... à l'auberge qui est au bas de la montagne.

MICAELA.

C'est cela, allez m'attendre !

LE GUIDE.

Vous restez décidément ?

MICAELA.

Oui, je reste !

LE GUIDE.

Que tous les saints du paradis vous soient en aide alors, mais c'est une drôle d'idée que vous avez là...

SCÈNE V

MICAELA, regardant autour d'elle.

Mon guide avait raison... l'endroit n'a rien de bien rassurant...

I

Je dis que rien ne m'épouvante,
Je dis que je réponds de moi,
Mais j'ai beau faire la vaillante,
Au fond du cœur, je meurs d'effroi...
Toute seule en ce lieu sauvage
J'ai peur, mais j'ai tort d'avoir peur,
Vous me donnerez du courage,
Vous me protégerez, Seigneur,
Protégez-moi, protégez-moi, Seigneur.

II

Je vais voir de près cette femme
Dont les artifices maudits
Ont fini par faire un infâme
De celui que j'aimais jadis;
Elle est dangereuse, elle est belle,
Mais je ne veux pas avoir peur,
Je parlerai haut devant elle,
Vous me protégerez, Seigneur...
Protégez-moi, protégez-moi, Seigneur.

Mais... je ne me trompe pas... à cent pas d'ici... sur ce rocher, c'est don José. (Appelant.) José, José ! (Avec terreur.) Mais que fait-il?.. il ne regarde pas de mon côté... il arme sa carabine, il ajuste... il fait feu... (On entend un coup de feu.) Ah!. mon Dieu, j'ai trop présumé de mon courage... j'ai peur... j'ai peur.

Elle disparaît derrière les rochers. Au même moment entre Escamillo tenant son chapeau à la main.

SCÈNE VI

ESCAMILLO, puis DON JOSÉ.

ESCAMILLO, regardant son chapeau.

Quelques lignes plus bas... et ce n'est pas moi qui, à la

course prochaine, aurais eu le plaisir de combattre les taureaux que je suis en train de conduire... *Entre José.*

JOSÉ, *son manteau à la main.*

Qui êtes-vous ? répondez.

ESCAMILLO, *très-calme.*

Eh là... doucement !

DUO.

LE TORERO.

Je suis Escamillo, torero de Grenade.

JOSÉ.

Escamillo !

LE TORERO.

C'est moi.

JOSÉ, *remettant son couteau à sa ceinture.*

Je connais votre nom,
Soyez le bienvenu ; mais vraiment, camarade,
Vous pouviez y rester.

LE TORERO.

Je ne vous dis pas non,
Mais je suis amoureux, mon cher, à la folie,
Et celui-là serait un pauvre compagnon
Qui, pour voir ses amours, ne risquerait sa vie.

JOSÉ.

Celle que vous aimez est ici ?

LE TORERO.

Justement.
C'est une zingara, mon cher.

JOSÉ.

Elle s'appelle ?

LE TORERO.

Carmen.

JOSÉ.

Carmen!

LE TORERO.

Elle avait pour amant
Un soldat qui jadis a déserté pour elle.

JOSÉ.

Carmen !

LE TORERO.

Ils s'adoraient, mais c'est fini, je crois.
Les amours de Carmen ne durent pas six mois.

JOSÉ.

Vous l'aimez cependant...

LE TORERO.

Je l'aime.

JOSÉ.

Mais pour nous enlever nos filles de Bohême,
Savez-vous bien qu'il faut payer.

LE TORERO.

Soit, on paiera.

JOSÉ.

Et que le prix se paie à coups de navaja,
Comprenez-vous?

LE TORERO.

Le discours est très-net.
Ce déserteur, ce beau soldat qu'elle aime
Ou du moins qu'elle aimait, c'est donc vous?

JOSÉ.

C'est moi-même.

LE TORERO.

J'en suis ravi, mon cher, et le tour est complet.

Tous les deux, la navaja à la main, se drapent dans leurs manteaux.

ENSEMBLE.

JOSÉ.	LE TORERO.
Enfin ma colère	Quelle maladresse!
Trouve à qui parler,	J'en rirais vraiment!
Le sang, je l'espère,	Chercher la maîtresse
Va bientôt couler.	Et trouver l'amant.

Mettez-vous en garde,
Et veillez sur vous,
Tant pis pour qui tarde
A parer les coups.

Ils se mettent en garde à une certaine distance.

LE TORERO.

Je la connais ta garde navarraise,
Et je te préviens en ami,
Qu'elle ne vaut rien...

Sans répondre, don José marche sur le torero.

A ton aise.
Je t'aurai du moins averti.

Combat; — musique de scène. Le torero très-calme cherche seulement à se défendre.

JOSÉ.

Tu m'épargnes, maudit.

LE TORERO.

A ce jeu de couteau
Je suis trop fort pour toi.

JOSÉ.

Voyons cela.

Rapide et très-vif engagement corps à corps. José se trouve à la merci du torero qui ne le frappe pas.

LE TORERO.

Tout beau,
Ta vie est à moi, mais en somme
J'ai pour métier de frapper le taureau,
Non de trouer le cœur de l'homme.

JOSÉ.

Frappe ou bien meurs .. ceci n'est pas un jeu.

LE TORERO, se dégageant.

Soit, mais au moins respire un peu.

REPRISE DE L'ENSEMBLE.

JOSÉ.	LE TORERO.
Enfin ma colère	Quelle maladresse !
Etc.	Etc.

Après le dernier ensemble, reprise du combat. Le torero glisse et tombe. — Entrent Carmen et le Dancaïre, Carmen arrête le bras de don José. — Le torero se relève ; le Remendado, Mercédès, Frasquita et les contrebandiers rentrent pendant ce temps.

CARMEN.

Holà, José!...

LE TORERO se relevant.

Vrai, j'ai l'âme ravie
Que ce soit vous, Carmen, qui me sauviez la vie.

CARMEN.

Escamillo !

LE TORERO, à don José.

Quant à toi, beau soldat,
Nous sommes manche à-manche et nous jouerons la belle
Le jour où tu voudras reprendre le combat.

LE DANCAIRE.

C'est bon, plus de querelle,
Nous, nous allons partir.

Au Torero.

Et toi, l'ami, bonsoir.

LE TORERO.

Souffrez au moins qu'avant de vous dire au revoir

Je vous invite tous aux courses de Séville.
Je compte pour ma part y briller de mon mieux,
Et qui m'aime y viendra.

A don José qui fait un geste de menace.

L'ami, tiens-toi tranquille,
J'ai tout dit et n'ai plus qu'à faire mes adieux ..

Jeu de scène. Don José veut s'élancer sur le torero. Le Dancaïre et le Remendado le retiennent. Le torero sort très-lentement.

JOSÉ, à Carmen.

Prends garde à toi, Carmen... je suis las de souffrir...

Carmen lui répond par un léger haussement d'épaules et s'éloigne de lui.

LE DANCAIRE.

En route... en route... il faut partir...

TOUS.

En route... en route... il faut partir...

LE REMENDADO.

Halte !... quelqu'un est là qui cherche à se cacher.

Il amène Micaëla.

CARMEN.

Une femme !

LE DANCAIRE.

Pardieu, la surprise est heureuse.

JOSÉ, reconnaissant Micaëla.

Micaëla !...

MICAELA.

Don José !...

JOSÉ.

Malheureuse !
Que viens-tu faire ici?

MICAELA.

Moi, je viens te chercher...
Là-bas est la chaumière
Où sans cesse priant,
Une mère, ta mère,
Pleure son enfant...
Elle pleure et t'appelle,
Elle te tend les bras ;
Tu prendras pitié d'elle,
José, tu me suivras.

CARMEN.

Va-t'en ! va-t'en ! Tu feras bien,
Notre métier ne te vaut rien.

JOSÉ, à Carmen.

Tu me dis de la suivre ?

CARMEN.

Oui, tu devrais partir.

JOSÉ

Pour que toi tu puisses courir
Après ton nouvel amant.
Non, vraiment,
Dût-il m'en coûter la vie,
Non, je ne partirai pas,
Et la chaîne qui nous lie
Nous liera jusqu'au trépas...
Tu ne m'aimes plus, qu'importe,
Puisque je t'aime encor moi.
Cette main est assez forte
Pour me répondre de toi,
Je te tiens, fille damnée,
Et je te forcerai bien
A subir la destinée
Qui rive ton sort au mien.
Dût-il m'en coûter la vie,
Non, je ne partirai pas,
Et la chaîne qui nous lie
Nous liera jusqu'au trépas.

MICAELA.

Écoute-moi, je t'en prie,
Ta mère te tend les bras,
Cette chaîne qui te lie,
José, tu la briseras.

CHŒUR.

Il t'en coûtera la vie,
José, si tu ne pars pas,
Et la chaîne qui vous lie
Se rompra par ton trépas.

CARMEN.

C'était écrit ! cela doit être :
Moi d'abord... et puis lui... Le destin est le maître.

MICAELA.

Don José !

JOSÉ.

Laissez-moi, car je suis condamné !

MICAELA.

Une parole encor !... ce sera la dernière.

Ta mère se meurt et ta mère
Ne voudrait pas mourir sans t'avoir pardonné.

JOSÉ.

Ma mère... elle se meurt...

MICAELA.

Oui, don José.

JOSÉ.

Partons...

A Carmen.

Sois contente, je pars, mais nous nous reverrons.

Il entraîne Micaëla. — On entend le torero.

LE TORERO, au loin.

Toreador, en garde,
Et songe en combattant,
Qu'un œil noir te regarde
Et que l'amour t'attend.

José s'arrête au fond. . dans les rochers... Il hésite, puis après un instant :

JOSÉ.

Partons, Micaëla, partons.

Carmen écoute et se penche sur les rochers. — Les Bohémiens ont pris leurs ballots et se mettent en marche.

ACTE QUATRIÈME

Une place à Séville. — Au fond du théâtre les murailles de vieilles arènes... L'entrée du cirque est formée par un long velum. — C'est le jour d'un combat de taureaux. Grand mouvement sur la place. — Marchands d'eau, d'oranges, d'éventails, etc., etc.

SCÈNE PREMIÈRE

LE LIEUTENANT, ANDRÈS, FRASQUITA, MERCÉDÈS, etc., puis CARMEN et ESCAMILLO.

CHŒUR.

A deux cuartos,
A deux cuartos,
Des éventails pour s'éventer,
Des oranges pour grignoter,
A deux cuartos,
A deux cuartos,
Senoras et caballeros...

Pendant ce premier chœur sont entrés les deux officiers du deuxième acte ayant au bras les deux bohémiennes Mercédès et Frasquita.

PREMIER OFFICIER.

Des oranges, vite.

PLUSIEURS MARCHANDS, se précipitant.

En voici.
Prenez, prenez, mesdemoiselles.

UN MARCHAND, à l'officier qui paie.

Merci, mon officier, merci.

LES AUTRES MARCHANDS.

Celles-ci, senor, sont plus belles...

TOUS LES MARCHANDS.

A deux cuartos,
A deux cuartos,
Senoras et caballeros.

MARCHAND DE PROGRAMME.

Le programme avec les détails.

AUTRES MARCHANDS.

Du vin...

AUTRES MARCHANDS.

De l'eau.

AUTRES MARCHANDS.

Des cigarettes.

DEUXIÈME OFFICIER.

Holà ! marchand, des éventails.

UN BOHÉMIEN, se précipitant.

Voulez-vous aussi des lorgnettes ?

REPRISE DU CHŒUR.

A deux cuartos,
A deux cuartos,
Des éventails pour s'éventer,
Des oranges pour grignoter,
A deux cuartos,
A deux cuartos,
Senoras et caballeros.

LE LIEUTENANT.

Qu'avez-vous donc fait de la Carmencita? je ne la vois pas.

FRASQUITA.

Nous la verrons tout à l'heure... Escamillo est ici, la Carmencita ne doit pas être loin.

ANDRÈS.

Ah ! c'est Escamillo, maintenant ?...

MERCÉDÈS.

Elle en est folle...

FRASQUITA.

Et son ancien amoureux José, sait-on ce qu'il est devenu ?...

LE LIEUTENANT.

Il a reparu dans le village où sa mère habitait... l'ordre avait même été donné de l'arrêter, mais quand les soldats sont arrivés, José n'était plus là...

MERCÉDÈS.

En sorte qu'il est libre ?

LE LIEUTENANT.

Oui, pour le moment.

FRASQUITA.

Hum ! je ne serais pas tranquille à la place de Carmen, je ne serais pas tranquille du tout.

On entend de grands cris au dehors... des fanfares, etc., etc. C'est l'arrivée de la Cuadrilla.

CHŒUR.

Les voici, voici la quadrille,
La quadrille des toreros,
Sur les lances le soleil brille,
En l'air toques et sombreros !
Les voici, voici la quadrille,
La quadrille des toreros.

Défilé de la quadrille. Pendant ce défilé, le chœur chante le morceau suivant.

Entrée des alguazils.

Voici, débouchant sur la place,
Voici d'abord, marchant au pas,
L'alguazil à vilaine face,
A bas ! à bas ! à bas ! à bas !

Entrée des chulos et des banderillos.

Et puis saluons au passage,
Saluons les hardis chulos,
Bravo ! viva ! gloire au courage,
Voyez les banderilleros !
Voyez quel air de crânerie,
Quels regards et de quel éclat
Étincelle la broderie
De leur costume de combat.

Entrée des picadors.

Une autre quadrille s'avance,
Les picadors comme ils sont beaux !
Comme ils vont du fer de leur lance
Harceler le flanc des taureaux.

Paraît enfin Escamillo, ayant près de lui Carmen radieuse et dans un costume éclatant.

Puis l'espadon, la fine lame,
Celui qui vient terminer tout,
Qui paraît à la fin du drame
Et qui frappe le dernier coup,
Bravo ! bravo ! Escamillo !
Escamillo, bravo !

ESCAMILLO, à Carmen.

Si tu m'aimes, Carmen, tu pourras tout à l'heure
En me voyant à l'œuvre être fière de moi.

CARMEN.

Je t'aime, Escamillo, je t'aime et que je meure
Si j'ai jamais aimé quelqu'un autant que toi.

LE CHOEUR.

Bravo, bravo, Escamillo !
Escamillo, bravo !

Trompettes au dehors. Paraissent deux trompettes suivis de quatre alguazils.

PLUSIEURS VOIX, au fond.

L'alcade,
L'alcade,
Le seigneur alcade !

CHOEUR de la foule se rangeant sur le passage de l'alcade.

Pas de bousculade,
Regardons passer
Et se prélasser
Le seigneur alcade.

LES ALGUAZILS

Place, place au seigneur alcade !

Petite marche à l'orchestre. Sur cette marche défile très-lentement au fond l'alcade précédé et suivi des alguazils. Pendant ce temps Frasquita et Mercédès s'approchent de Carmen.

FRASQUITA.

Carmen, un bon conseil, ne reste pas ici.

CARMEN.

Et pourquoi, s'il te plaît?

FRASQUITA.

Il est là.

CARMEN.

Qui donc ?

FRASQUITA.

Lui,
Don José... dans la foule il se cache; regarde.

CARMEN.

Oui, je le vois.

FRASQUITA.

Prends garde.

CARMEN.

Je ne suis pas femme à trembler,
Je reste, je l'attends... et je vais lui parler.

L'alcade est entré dans le cirque. Derrière l'alcade, le cortége de la quadrille reprend sa marche et entre dans le cirque. Le populaire suit... L'orchestre joue le motif : *Les voici, voici la quadrille*, et la foule en se retirant a dégagé don José... Carmen reste seule au premier plan. Tous deux se regardent pendant que la foule se dissipe et que le motif de la marche va diminuant et se mourant à l'orchestre. Sur les dernières notes, Carmen et don José restent seuls, en présence l'un de l'autre.

SCÈNE II

CARMEN, DON JOSÉ.

DUO

CARMEN.

C'est toi?

JOSÉ.

C'est moi.

CARMEN.

L'on m'avait avertie,
Que tu n'étais pas loin, que tu devais venir,
L'on m'avait même dit de craindre pour ma vie,
Mais je suis brave et n'ai pas voulu fuir.

JOSÉ.

Je ne menace pas, j'implore, je supplie,
Notre passé, je l'oublie,
Carmen, nous allons tous deux
Commencer une autre vie,
Loin d'ici, sous d'autres cieux.

CARMEN.

Tu demandes l'impossible,
Carmen jamais n'a menti,
Son âme reste inflexible
Entre elle et toi, c'est fini.

JOSÉ.

Carmen, il en est temps encore,
O ma Carmen, laisse-moi
Te sauver, toi que j'adore,
Et me sauver avec toi.

CARMEN.

Non, je sais bien que c'est l'heure,
Je sais que tu me tueras,
Mais que je vive ou je meure,
Je ne céderai pas.

ENSEMBLE.

JOSÉ.	CARMEN.
Carmen, il en est temps encore,	Pourquoi t'occuper encore
O ma Carmen, laisse-moi	D'un cœur qui n'est plus à toi?
Te sauver, toi que j'adore,	En vain tu dis : je t'adore,
Et me sauver avec toi.	Tu n'obtiendras rien de moi.

JOSÉ.

Tu ne m'aimes donc plus?

Silence de Carmen et don José répète.

Tu ne m'aimes donc plus?

CARMEN.

Non, je ne t'aime plus.

JOSÉ.

Mais moi, Carmen, je t'aime encore ;
Carmen, Carmen, moi je t'adore.

CARMEN.

A quoi bon tout cela? que de mots superflus!

JOSÉ.

Eh bien, s'il le faut, pour te plaire,
Je resterai bandit, tout ce que tu voudras,
Tout, tu m'entends, mais ne me quitte pas,
Souviens-toi du passé, nous nous aimions naguère.

CARMEN.

Jamais Carmen ne cédera,
Libre elle est née et libre elle mourra.

CHŒUR ET FANFARES, dans le cirque.

Viva! la course est belle,
Sur le sable sanglant
Le taureau qu'on harcèle
S'élance en bondissant...
Viva! bravo! victoire,
Frappé juste en plein cœur,
Le taureau tombe! gloire
Au torero vainqueur!
Victoire! victoire!

Pendant ce chœur, silence de Carmen et de don José... Tous deux écoutent... En entendant les cris de : Victoire, victoire! Carmen a laissé échapper un : Ah! d'orgueil et de joie... Don José ne perd pas Carmen de vue... Le chœur terminé, Carmen fait un pas du côté du cirque.

JOSÉ, se plaçant devant elle.

Où vas-tu?...

CARMEN.

Laisse-moi.

JOSÉ.

Cet homme qu'on acclame,
C'est ton nouvel amant!

CARMEN, voulant passer.

Laisse-moi.

JOSÉ.

Sur mon âme,
Carmen, tu ne passeras pas,
Carmen, c'est moi que tu suivras!

CARMEN.

Laisse-moi, don José !... je ne te suivrai pas.

JOSÉ.

Tu vas le retrouver... tu l'aimes donc?

CARMEN.

Je l'aime,
Je l'aime, et devant la mort même,
Je répéterais que je l'aime.

FANFARES et REPRISE DU CHŒUR, dans le cirque.

Viva! bravo! victoire!
Frappé juste en plein cœur,
Le taureau tombe! gloire
Au torero vainqueur!
Victoire! victoire!...

JOSÉ.

Ainsi, le salut de mon âme,
Je l'aurai perdu pour que toi,
Pour que tu t'en ailles, infâme!
Entre ses bras, rire de moi.
Non, par le sang, tu n'iras pas,
Carmen, c'est moi que tu suivras!

CARMEN.

Non! non! jamais!

JOSÉ.

Je suis las de te menacer.

CARMEN.

Eh bien! frappe-moi donc ou laisse-moi passer.

CHŒUR.

Victoire! victoire!

JOSÉ.

Pour la dernière fois, démon,
Veux-tu me suivre?

CARMEN.

Non! non!
Cette bague autrefois tu me l'avais donnée,
Tiens...

Elle la jette à la volée.

JOSÉ, le poignard à la main, s'avançant sur Carmen.

Eh bien, damnée...

Carmen recule... José la poursuit... Pendant ce temps fanfares et chœur dans le cirque.

CHŒUR.

Toréador, en garde,
Et songe en combattant
Qu'un œil noir te regarde
Et que l'amour t'attend.

José a frappé Carmen... Elle tombe morte... Le velum s'ouvre. La foule sort du cirque.

JOSÉ.

Vous pouvez m'arrêter... c'est moi qui l'ai tuée...

Escamillo paraît sur les marches du cirque... José se jette sur le corps de Carmen.

O ma Carmen ! ma Carmen adorée !

FIN

CHATILLON-SUR-SEINE. — IMPRIMERIE E. CORNILLAC

www.ingramcontent.com/pod-product-compliance
Ingram Content Group UK Ltd.
Pitfield, Milton Keynes, MK11 3LW, UK
UKHW022122260726
13993UKWH00003B/1185